フィンランドの
幸せメソッド

カトヤ・パンツァル 著
柳澤はるか 訳

SISU《シス》

FINDING SISU

In Search of Courage,
Strength and Happiness
the Finnish Way

方丈社

FINDING SISU

In Search of Courage, Strength and Happiness the Finnish Way

by

Katja Pantzar

フィンランドの幸せメソッド

SISU シス

For Felix

フィンランドの幸せメソッド SISU《シス》 目次

CHAPTER 3

冷水治療《コールドウォーター・キュア》

CHAPTER 4

サウナの極意

CHAPTER 10

本書の文中〔　〕は、訳者による補足説明を示す

Introduction　プロローグ

11月の暗い夜。真っ白い綿雪が空から舞い降りる中、バスローブを羽織った3人の青年がヘルシンキの通りを駆けて行きます。彼らのにぎやかな笑い声と、サンダル履きの足が奏でる雪の音が、冷たく静寂な空気に響き渡ります。

地元市民にとってはありふれた光景ですが、あとからこの地に住み着いた私の目には、とても新鮮に映ります。都会の景色の中ではなおのこと。

青年たちは歴史ある美しいアパートメントの前を走って通り過ぎ、海のほうへ向かいます。ここは、ヘルシンキの繁華街や大統領官邸、エスプラナーディ通りの高級ブティック群からほど近い小さな島。近くの桟橋めがけて突き進む彼らは、そこから、海に泳ぎに出ようというのです。

この極北の地で暮らすあいだ、私は「ウィンタースイミング」または「アイススイミング」と呼ばれるものの存在を知りました。冷たい海や湖に潜るその健康法は、免疫力向上から疲労回復、ストレス解消にいたるまで、さまざまな効能があるといいます。

氷の張ったバルト海にみずから飛び込むなんて、頭がどうかしていると思われるかもしれません。でもあの瞬間、一度は試してみなくてはと思いました。というのも青年たちは、あまりに生き生きとしてたくましく、それはどうやら、冷たい海に飛び込む習慣と深い関係があるようなのです。

そして数年後、ついにやってみたところ、驚くことに私の人生はがらりと変わりました。アイススイミングをはじめとする北欧の生活習慣は、子ども時代からうつ病症状に悩まされていた私に、ゆっくりと自然的治療をほどこし、その結果、私の中に眠っていた「シス（SISU）」の力が目覚めたのです。「シス」というのはフィンランド固有の概念で、逆境から立ち直る力「レジリエンス」や、困難に直面してもくじけない「強い心」のことを意味します。この特別な精神力「シス」を見つけたおかげで私は、心身の不調を立て直すすべを知りました。そして生まれてはじめて、自分の手で人生の舵を握れるようになりました。

「シス」をめぐる探求の旅は、パーソナルなものであると同時に、職業人としての目線もありました。ライター、ジャーナリストとして、「シス」の背景に強く興味を惹かれましたし、フィンランドの人々がどのように、健康で幸せな暮らしを実現しているのかも気になったのです。なぜ一部の人は、どんな苦境においても、たくましく生き抜いていくことができるのか。他方では多くの人が、心くじけてしまうのに？　もしかして、このフィンランド独特の「何があっても立ち直る」文化からヒントを得れば、私は生まれ変われるのではないだろうか。弱くて受け身で、新しいことへの挑戦を恐れるいまの自分から、気持ちに余裕があり、フィジカルもメンタルも強い人間へと、変われるのかもしれない――。

〜〜〜

時を2017年まで送りましょう。私はバルト海に突き出した木の桟橋に立っています。幾晩もさかのぼればその昔、あの青年たちが立っていたのと同じ場所です。

気温計はマイナス10度を指していますが、身につけているのは水着、ウールのニット帽、ネオプレン素材（合成ゴムの一種）のサンダルと、手袋だけ。

バルト海の分厚い氷をくりぬいた穴には、金属製のはしごが延びています。はしごを降りながら遠くに目をやると、深い闇の縁を彩るように輝く街の灯りが見える。水の中に身を沈めた瞬間、冷たいショックが全身を走りました――水温は約1度。何スクロールか水をかくあいだ、全身を針で刺されるような痛みを感じます。

しかし、すぐにそれは、いいようのない幸福感へと変わりました。

およそ30秒、爽快な気持ちで泳いだら、はしごの下で一度止まります。そして極寒の水に首までぐっと浸からせてから私は、桟橋へ上がりました。

「ああ……最高！」

いまではすっかりアイススイミングの愛好家。出勤前や仕事帰りに「ちょっとひと泳ぎ」することがよくあります。「もはや中毒では？」といわれてしまうかもしれません。でも、健康に良い中毒ですから。専門家によれば、30秒から1分間のアイススイミングは、15分から20分、階段の上り下りをするのと同じ健康効果があるといいます。私のこの「冷水健康法」は、エンドルフィン、セロトニン、ドーパミン、オキシトシンといった、良い気分をもたらすホルモンを増加させてくれます。免疫力を高め、血行を良くし、カロリーを燃焼させ、ストレスを軽減させる効果があるともいわれています。

岸辺に建つ建物には男女別のサウナ、シャワー室、更衣室があります。そちらへ向かって歩くあいだ、エンドルフィンが大量に出ている私はもう寒いとは感じません。心配事やストレス、疲れ、痛みは全部、海に置いてきました。全身がうずいて身体が急激にあたたまり、自然な高揚感に包まれます。活力がみなぎり、ほとんど無敵になったかのようです。

アイススイミングをするようになって、私は、自分が潜在的に持っていた強さとレジリエンス〔立ち直る力〕に気づきました。心が不安定で、疲れていて、頭の上に常に何かのっている感じがする——そんな以前の私は、もういません。かつてネガティブなものに支配されていた私は、いまや「シス」の感覚を掴んだ。その精神的エネルギーがあれば、たとえ心や身体が弱った時でも、自分の力で立て直すことができます。

冷たい海で泳いだあとの恍惚感や爽快感については、アイススイミングの仲間たちも、同じようなことをいっています。私のまわりの水泳仲間は、みな、「憂うつなフィンランド人」のステレオタイプとは正反対。興奮気味に笑顔を浮かべ、泳いだあとの気持ちよさを力説します。今日、木曜日の夜は、さらに特別な楽しみがあります。フィンランド伝統のスチームバス、「サウナ」です。

水着を脱いで帽子と手袋をとり、サンダルを脱ぎ、シャワーで身体を流してから女性用サウナに入ります。そしてバケツに入った水をひしゃくですくい、サウナストーブの熱い石の上にかけます。私はまずは座って、静かな瞑想状態の中で熱いスチームを浴び、しばし、幸せな気持ちにひたります。その後、木のベンチに腰かけている周囲の女性たちのおしゃべりに加わりました。

もし10年前、いえ5年前であっても、私に向かって「君の理想的な夜の過ごし方は、冷たい海に飛び込むことだって」という人がいたら、大声で笑い飛ばしていたことでしょう。

　カナダのトロントで暮らしていた頃は、自然からは遠く切り離され、健康にも無頓着でした。木曜の夜に身体に良さそうなことをした記憶は、ほぼありません。マスコミ業界の仲間と街に繰り出し、会員制バーやクラブで飲み明かすのがお決まりでした。そこではよく、打ち上げやプレスイベントにやって来る有名人に出くわしました。一世を風靡したテレビドラマ「セックス・アンド・ザ・シティ」のミスター・ビッグ役、クリス・ノースと同じエレベーターに乗り合わせたかと思えば、別の日には、デヴィッド・シュワイマー（人気ドラマ「フレンズ」のロス役）の隣に座り、同じパーティーに出席していた女優のミニー・ドライヴァーの愛らしさに驚いたこともありました。

「セックス・アンド・ザ・シティ」や「フレンズ」はいまでも大好きですが、飲み干したグラスの数や目撃したＶＩＰの数でその夜の満足度が決まるという価値観は、もうはるか昔のことのよう。

　とはいうものの、当時は、有名人たちのキラキラした世界への憧れが人生のあらゆる側面を支配していました。カナダで育った私のまわりでは、多くの人が終わりのない自己改善に取り組んでおり、それが当たり前だと思っていました。実際、やらないわけにはいかなかったのです。自己改善の方法は、決まって、複雑でお金がかかる最新のダイエット法またはエクササイズでした。それをやれば身体が鍛えられ、見栄えも気分も良くなり、仕事の生産性も上がる、と。

もし、新しい健康法が出てきてセレブのお墨付きが与えられようものなら、そのたびに、ああこれで、有名人みたいになれるかもしれないと、飛びついてしまうのです。

その頃、カナダの友人の多くがそうであったように、私もまた、次のような不安にさいなまれていました。どんなに痩せても、どんなにきれいになっても、どんなにお金持ちになっても、永遠に満足できないのではないか――。この3つさえ魔法のように解決したら、たいていの悩みはなくなるように思えました。

もうひとつ、友人たちに打ち明けていた心配事があります――うつ病です。20代半ばで最初にその診断を下された時、私はうつ病への誤った認識から、自分を弱い人間なのだと思い込み、とても動揺してしまいました。

当初私は、命に関わる重病か自己免疫疾患があるに違いないと思い、診察の予約を入れました。症状は数週間前からありました。食欲がなく、身体がだるく、ずっと倦怠感があるのに、夜は眠れない。以前なら楽しめていたことに全く関心を持てない。

病院の先生は私に一通り検査を受けさせると、「ほかに何か変わったことは?」と優しく尋ねました。答えようとした瞬間、私は思わず泣き出してしまいました。真剣に付き合っていた恋人と別れてものすごく苦しい、絶望的な気分だと、涙ながらに話しました。失恋の強いショックが原因で、私は悲観的思考のループに陥り、人生のあらゆる側面について、ネガティブに考えるようになっていました。またちょうどその頃、家族ぐるみで付き合っていた友人が、長い闘病生活の末、癌で亡くなっていました。それらの喪失感から私はひどく取り乱し、当時は自分でも、うまくその気持ちを言葉にできませんでした。

失恋や失業、愛する人の死など、辛い出来事を経験すると人は抑うつ状態になることがあるというのを、私はあとになって知りました。引き金となる出来事が短期間にいくつも起こると、リスクはさらに高まります。これは誰にでも起こり得ることなのです。

いまでは、うつ病はとても一般的な病気になっています。世界保健機関（WHO）の推計では世界には3億人の患者がいるといいます。しかし、当時は何も知りませんでした。私はその恐ろしい呪いのせいで無気力になったり、ひどく落ち込んだり、まるでたったひとり世界から引き離されたような、身体の全細胞が痛むような苦しみを味わっていました。ところが、ようやくその呪いに名前が与えられ、正体がわかったにもかかわらず、私はほっとするどころか、すっかり惨めな気持ちになったのです。うつ症状には子どもの頃から悩まされていましたが、これほどまでに打ちのめされたのは、この時がはじめてです。

一体なぜ、そこまで辛い目に遭わなくてはならなかったのでしょう？　うつ病の診断を受けた時、私はカナダ西海岸の大都市、バンクーバーで暮らしていました（私はそこで中流階級の家庭に育ちました）。はじめて自分のお金で借りたアパートに暮らし、奨学金の返済も終えて、編集者としての仕事を手にし、多くの友人に囲まれていました。

ほとんど満たされていたはずです。それなのに、心には空しさがありました。利便性を追求する文化と消費主義が全盛の80年代から90年代に育った私は、誤った場所に幸せのありかを求めていた。誇れる外見、高価な服やアクセサリー、立派な家といった外的要因と心の充足感とを同一視していたのです。

心の不安は、私のひどいライフスタイルによってさらに加速されました。不規則な食生活、運動不足、栄養バランスの悪い食事（夕食をアイスクリームで済ませたこともありました）、睡眠不足。

バンクーバーとトロントの病院では、抗うつ薬と抗不安薬を処方され、心理セラピーも受けました。それらは私を最悪の状況から救ってくれたので、医師たちにはいまでも感謝しています。ただその時の私は、屋外で過ごす時間の重要性や、運動や食生活に気を配ることがどれほど大切かという点に関しては、理解がおよびませんでした。自分の貧しいライフスタイルと、悪化していくうつ病との関係性に気づくことはなかったのです。

カナダでは数々のチャンスに恵まれました。ロンドンで大学院を出たあと、バンクーバーでライター兼編集者として数年間、働きました。それからトロントの出版社でも働きました。「安定」の象徴と思われるものなら、たくさん手にしていました。住む家があり、正社員の職に就き、高級車を乗りまわすボーイフレンドがいて（彼は小さな飛行機まで持っていました）、友だちもいた。にもかかわらず、しばしば心には不安が押し寄せて来ました。最初にうつ病と診断されてから数年後、何年かは抗うつ剤の服用をやめましたが、不安な気持ちに繰り返し襲われ、抗不安薬の処方を受けました。もはや心の安定も、人生の目標も見出せそうにありませんでした。ただロボットのように、着替えて仕事に出かけて、パーティーに顔を出し、笑顔を振りまいて、すべてが順調であるフリをしていました。しかし心の中はストレスの塊を抱えて、人間関係やお金のこと、仕事のこと、人生の意義、そのすべてが不安でたまりませんでした。

20代後半から30代前半にかけては、マスコミ業界におけるジェンダー差別にも苛立ちを募らせていました。理不尽な（しかし、とてもありがちな）目には何度も遭いました。外見に関してあれこれいわれたり、ある男性幹部からは、一流作家から原稿をもらうために君はどこまでヤレるんだと聞かれたりしました。その男性は笑いながらいっていましたが、私は不愉快でしたし、そんな発言は、明らかに間違っています。

フィンランド系カナダ人の両親を持つ私は、それまで何度も、自分のルーツであるフィンランドに足を運んでいました。今後のキャリアをどうしようかと考えはじめた時、ふと、北欧における男女平等の精神に興味を惹かれました。ちょうどその頃フィンランドでは、初の女性大統領が誕生したのです。私にはEUのパスポートがある。何年かフィンランドで働いてみるのはどうだろうか――。

インターネットで調べると、私にぴったりと思える求人をヘルシンキに見つけました。

「英語の雑誌編集者。編集・ライティングができる方、出張あり」

北欧に住むという選択肢はとても魅力的に思えました。新しいスキルも身につくし、広い世界を知ることができる。

臨時スタッフのポジションでオファーを受けた私はすぐに飛びつきました。1、2年フィンランドに住んで、フィンランド語を上達させ（私の家族は1970年代にフィンランドからニュージーランド経由でカナダへ移住していました）、自分のルーツについても勉強しよう。それくらいに考えていました。

最終的には、北欧のシンプルな生き方に惚れ込んだ私はそこでキャリアを築き、結婚、出産をして人生を築いていくことになったのですが、当時は考えてもみません。

その時はまだ、フィンランド独特のレジリエンス〔立ち直る力〕――「シス」――のことも知りませんでした。私が「シス」と出会うのは、もう少しあとのこと。

どこで暮らし、どう生きていようと、誰しもが日々の中で困難に直面します。そんな時、あと少しの勇気、強い心があれば、私たちはもっとしなやかに、人生を生きていけるのではないでしょうか。

私はフィンランドで「シス」という概念に出会い、北欧流のシンプルな生き方を学びました。それによって私のウェルビーイング〔心身の充足感〕は飛躍的に向上しました。しかし、もし「シス」というものの存在を知らなければ、北欧の生き方の核心に迫ることはできなかったと感じています。

ですからこの本には、私が自分自身の「シス」を見つける際に実践した、ごく単純で実際的な方法について書きました。北欧の生き方のエッセンスをここに分かち合うことで、みなさんもまたその方法論を普段の生活に取り入れ、ご自身の「シス」を見つけてくださることを願ってやみません。

CHAPTER 1

北欧へ

気持ちの良い新生活に飛び込む

Going Nordic: diving into an invigorating new lifestyle

フィンランドに移って数ヶ月。私の生活は日に日に変貌をとげていきました。日々のルーティーンがひとつずつ、新しいものに置き換わるにつれ、気づかないほど徐々に、しかし確実に、あるライフスタイルが私の前に姿を現しはじめたのです。

ヘルシンキでの私は、トロントにいた頃のように夜遅くまで働くことはしません。朝9時頃から働きはじめ、夕方5時頃に仕事を終えます。十分な昼休憩があり、多くの人は近くのレストランか、企業が補助金を出す社員食堂で昼食を取ります。そこではたいてい、ベジタリアンメニュー、チキン、魚、肉料理から選ぶことができ、さらに、豪勢なサラダバーと焼きたてのパンが数種類用意されています。

フィンランドの人たちからすれば、これは単に「従業員向けの大量調理食」なのかもしれませんが、しかし実はかなりの部分で、北欧の健康的な食事そのものだと感じます。地のものや旬の食材を中心に、手ごろなものを選ぶシンプルな食事法。野菜、果物、ベリー類、オーツ麦やライ麦などの全粒粉類、魚、肉類、乳製品を取り、デザートには果物か、またはブルーベリーを添えたクワルク〔ヨーグルトのような食感のフレッシュチーズの一種〕。ケーキなどを食べることはまれです。

昼食をきちんと取るという「新習慣」は、私の食事スタイルを変えるきかっけにもなりました。以前は夕食が中心の生活でしたが、いまでは多くの北欧の人たちがそうであるように、1日の真ん中、お昼にしっかりと食べます。昔のように、パソコンのキーボードの上でサンドウィッチをつまむのはやめました。同僚たちとテーブルにつき、雑談をしながらバランスの良い食事を取ると、夕食を待ち望んで空腹のまま過ごすよりも、はるかに満たされた気分になります。

同僚たちを見習い、自転車通勤もはじめました。最初に乗ったのは、叔母と叔父から借りた40年ものヨポのライトブルーの自転車。クラシックなフィンランドデザインの頑丈な自転車で、ギアは付いていません。余分なものが一切ないこの自転車は、シンプルであることを重んじる北欧の精神とデザインを象徴しています。本来、自転車というのは、前に進むためにいくつも機能を搭載する必要はないのです。

自転車での通学や通勤は、これまで住んだ都市でも試みたことがあります。しかし、ロンドン、トロント、バンクーバーではなかなか困難でした。必ずしも自転車道が整備されているわけではなく、交通量の激しい道路を、車をよけながら走行するのはストレスだったのです。ただそれも、最近は変わりつつあるようです。ここ10年のあいだ、世界各地の都市では、移動手段として自転車利用を促進する動きが急速に進んでいます。

ヘルシンキでは、ほかの北欧の首都と同様、街中に自転車道が張りめぐらされています。歩道の中央にラインが引かれ、片側が歩行者用、もう一方が自転車レーンになっているのをよく見かけます。

私はすぐに自転車の虜になりました。あちこち動きまわるのにとても便利ですし、日々の運動代わりになるので、仕事で疲れたあとにわざわざジムに行く必要もありません。朝、自転車にまたがり森を抜け、街の中そして海沿いの道を走ります。6キロの道のりを走りながら新鮮な空気を吸いこむと、身体がすっきりと目覚めます。これまで気づくことのなかった自然の景色や季節の移ろいを観察するようにもなりました。いつの間にか寝つきもよくなり、そのせいか、心の不安感も和らいできました。

仕事のあとには、自転車を漕いでその日のストレスを吹き飛ばします。ほどなくして私は、自転車に乗らないと、落ち着かず元気が出ないと感じるようになりました。

同僚の中には、コーヒーブレイクの代わりに、水泳やアクアジョギング（専用のベルトを装着して行う水中ジョギング）をする人もいます。従業員用プールへ行き15分ほど運動して戻ってきた同僚たちは、心も身体もリフレッシュしている。プール休憩にはエネルギーと集中力を高める効果があると知った私は、いつか自分もやってみよう、と心に決めました。

ここに述べたことは、私の生活に起こった変化のうちの、ごく一部。気づけばこれらを自然に、ほとんど無意識のうちに行っていました。

フィンランドにはもちろんジムもたくさんあり、パーソナルトレーニングからスピニング（トレーナーの先導のもとバイクを漕ぐグループエクササイズ）、クロスフィット（強度の高い動きを複数組み合わせて行うトレーニング）、ヨガまで、ありとあらゆるプログラムが用意されています。しかし第一印象として、この国で「健康のための運動」といえば、ウォーキング、自転車、水泳など簡単で実際的なアプローチが主流です。これらは誰でもはじめやすく、日々のルーティーンの中に無理なく組み込むことができます。

「シス」に出会う　Hello sisu!

正直なことを打ち明けると、北欧のライフスタイルに順応し、その価値を理解するまでには、それなりの時間がかかりました。「待って、いまから自然公園でチームビルディング？　こんな雪の日に⁉」なんてやりとりをしたものです。しかしそれはともかくとして、私が北欧の生き方に通じていくプロセスの中で、ほぼどんな場面においても際立っていたことがあります。それは、**フィンランド独特の「意志の強さ」であり、決してあきらめず、安易な道に逃げない「強い心」。すなわち、「シス」をたっぷりと持つ、ということでした。**

当初、私は「シス」のことを、頑固さや偏屈さ、あるいは質素倹約を表すものと誤解し、自分にはまったく関係のない外国文化だと見なしていました。

たとえば、車社会で育った私の場合、取材場所やプレスイベント、海外出張の際の空港などにタクシーで向かうことができるのは、大きなメディア企業で働く特権として、喜ぶべきことと感じます。

ところが衝撃を受けたことに、同じようにタクシーに乗れる立場の同僚が、しばしば、経費でタクシーに飛び乗る代わりに、自転車で仕事現場に行こうとするのです。

これには本当に戸惑いました。どうして、好き好んで面倒な方法を選ぶのでしょうか？　なぜ、運転手つきの快適な車内でくつろぐ代わりに、ペダルを漕ぐの……？

だいぶあとになってようやくわかりました。フィンランド人がこうした意思決定をするのは、根底に実用性を好む北欧の精神があることに加え、健全なグリット（やり抜く力）があるからだと。たしかに、オフィスでの仕事のあとで、軽く身体を動かし新鮮な空気を吸うのはおそらく最良の選択です。道路上の車が1台減るという環境上のメリットはいうまでもなく、実際問題、渋滞の中じっと座っているより、空いている自転車レーンを勢いよく走って行ったほうが早く着くこともあります。

いまだからこそわかります。同僚をはじめ、フィンランドの人たちが示してくれた行動見本は、そのどれもが、日常における小さな「シス」の行為でした。

しかし、私がこの理解にいたるまでには、長い道のりが必要でした。

「シス」という言葉に向き合ったきっかけのひとつは、フィンランドに来て2年目、冬場のサイクリングをはじめた時でした。その日私は、凍える寒さと降りしきる雪にも負けず、自転車で出かけようとしていて、すると、アパートメントの中庭で私を見た近所の人が、こういったのです。「Olet sisukas!《オレット・シスカス》」（フィンランド語。直訳は「あなたはシスがある」）、つまり「勇敢ね！」と。たしかに悪天候の中、肉体的にハードなことに挑もうとしていましたから、「シス」である私はすごく格好いいと、褒め言葉をいわれたのだと解釈しました。また後日、アイススイミングをしている時にもこのフレーズに出会いました。
それ以前にも「シス」という言葉を耳にする機会はありましたが、よくよく意味を考えたことはありませんでした。しかしここへ来て、「Olet sisukas」は、単に「勇敢」ということ以上に、何かもっと深い意味があるように感じはじめた。それでとうとう、「シス」の意味を探ってみようと決意したのです。フィンランドのそこかしこに現れる言葉、「シス」。それは1928年からずっと愛されているリコリスのキャンディの名前であり、また、国の非公式スローガンにも登場します。「シス、サウナ、シベリウス」。それはフィンランドという国の本質であり、アイデンティティの象徴です。

サウナとシベリウスに関しては、おそらく説明不要でしょう。
フィンランドにはサウナがそこらじゅうにあります。人口550万人に対し、プライベートサウナとパブリックサウナを合わせて推定約330万個ものサウナがあるのです。フィンランドのライフスタイルと文化において、サウナが中心的役割を果たしていることに、もはや疑いの余地はありません。実際、フィンランドにやって来てサウナを避けて通ることはほぼ不可能で、必ずや、サウナへの誘いを受けることになります。

一方、ジャン・シベリウス（1865-1957）は、フィンランドで最も著名な作曲家のひとり。数多くの作品を世に残しましたが、中でも「フィンランディア」はフィンランドの第2の国歌ともいえる存在です。反骨的とも感じられるその曲は、ロシアの統治下時代には演奏が禁じられていました。フィンランドは1917年にロシアからの独立を果たしましたが、それは国民にとって大きな誇りをもたらしました。というのも、フィンランドは、1809年にロシア帝国の統治下となる前は、6世紀にわたりスウェーデンの支配下に置かれていたのです。フィンランド人は、アイスホッケーから世界ランキングのたぐいまで、何かとスウェーデンに競争心を燃やすのですが、もしかするとそれは、こうした歴史も関係しているのかもしれません。

さて、では「シス」の本質とは何かという話になると、その定義はずっと捉えどころがなく、おぼろげです。周囲に聞くとさまざまな答えがありましたが、おおよその共通理解としては、次のような意味に集約されました。

「あきらめない力――とりわけ、逆境にある時に」

フィンランド人はよく、戦争やスポーツにおける大勝利を、「シス」的な偉業の例として語ります。

最もよく引き合いに出されるのが、冬戦争におけるソ連軍への「勝利」。『タイム』誌は

1940年の記事で、フィンランド独特のレジリエンス〔立ち直る力〕について雄弁に伝えています。

フィンランド人は「シス」なるものを持っている。それは虚勢と勇気、どう猛さと頑強さの複合体であり、ほとんどの人が戦いをやめたあとも戦い続ける力と、勝利への意志を捨てずに戦う力の複合体である。フィンランド人は「シス」を「フィンランド魂」と説明するが、それだけでは済まない恐るべき言葉だ。

冬戦争は1939年11月、ソビエト連邦によるフィンランド侵攻を契機に勃発し、1940年3月のモスクワ講和条約により終結しました。ソ連軍はフィンランド軍の3倍以上の兵士、30倍以上の航空機、100倍以上の戦車を有していましたが、当時、1日のほとんどが闇に包まれ、気温はマイナス40度にも達する過酷な気候の中、フィンランド軍は敵の侵入をなんとか食い止めたのです。

白い服に身を包みスキーを履いたフィンランド兵士たちの姿――それは雪景色の中に身を隠すためのシンプルで賢明な作戦でした――は、卓越したレジリエンス〔立ち直る力〕と、一見不可能な状況でも屈しない強さの象徴になりました。フィンランド軍は、ソ連軍に対しほぼ全面的に数的劣勢だったにもかかわらず、耐え抜き、平和を勝ち取った。一部領土を譲渡することにはなりましたが、北欧の小国が、圧倒的パワーを持つ相手を前に、独立を守ったのです。
「シス」を語る際によく出るもうひとつの例は、フィンランドのランナー、ラッセ・ビレンの1972年ミュンヘン夏季オリンピックにおける驚異的な勝利です。彼は1万メートル競争に出場し、転倒するハプニングに見舞われながらもふたたび立ち上がり、見事金メダルを獲得。さらに世界記録も樹立しました。多くのフィンランド人が私に語ったように、これぞ「シス」といえるでしょう。

しかし「シス」とは、文化的に特有のものなのでしょうか。それとも、誰しもが、このフィンランド流のレジリエンス〔立ち直る力〕を鍛えることは可能なのでしょうか。

より健康で、本当の意味で幸せな生活を探し求めていた私は、その文脈の中で「シス」を使うことはできないだろうかと、考えはじめました。
「シス」について調べていくうち、一連の疑問が沸いてきました。**「シス」とはメンタルの力なのか、それとも、自分で動かすことのできる筋力的なものなのか。**「シス」はどこからやって来るのか。文化的につくられた概念なのか、国家ブランディングやスローガンの一種なのか。あるいはもしかすると、「シス」とは物事に対する態度、心身の向き合い方のようなもので、世界中の誰でも磨くことができるのかもしれない。この難解な言葉を理解するための第一歩として私はまず、多くのフィンランド人に共通する特徴をうまく表すように「シス」を柔軟に解釈してみることにしました。すなわち、「粘り強さ」「活発さ」「天候にかかわらず外で活動すること」そして「DIY〔do-it-yourselfの略。自分の手でやること〕アプローチ」

たとえばハウスクリーニングや窓拭きなどの家事において、ほとんどのフィンランド人は、仮に外注する金銭的余裕があっても、自分でやることを選びます。それによって人々は、自尊心と満足感を得ているのです。

こうしたDIYアプローチは、新しいものに買い換える前に自分で修理する、自分で家のリノベーションを行うといった行動にも見て取れます。

このなんとも根気強い姿勢はもしかすると、「経験は所有に勝る」という考えが関係しているのかもしれません。たとえば、月曜日の昼休みには、よく職場で週末の話題になります。すると、「週末何してた?」「週末どうだった?」という問いに対し、ショッピング、または何か購入の相談をしたという答えが返ってくることは滅多にありません。そうではなく、屋外での活動や自然とリンクした活動をしていたというのが、よくある回答なのです――天候や季節にかかわらず。森に出かけてベリーを摘んだ、キノコを採った、コテージで釣りをした、湖で泳いだ、スキーをしたなど。あるいは、ストックホルムやタリン、ロンドン、ベルリンあたりに小旅行に出かけたという答えも聞かれます。

カナダにいた頃も、アウトドア派の人がまわりにいなかったわけではありません。しかしフィンランドでは、日常的に自然に触れることが、ほとんど全国民の生活の一部となっています。この一因には、フィンランドの比較的遅い都市化が関係しています。1950年代から1960年代にかけて都市化が進んだフィンランドは、現在では、人口のおよそ85パーセントが都市部で暮らしていますが、第二次世界大戦以前は、国民の75パーセントが農村部に住んでいました。しかしそれ以上に、外で過ごす時間を愛し称賛する心は、フィンランド人のDNAに組み込まれているようです。

北欧のシンプル主義 Nordic simplicity

フィンランドでの生活が長くなるにつれ、時おり北アメリカを訪れると、そこでの都会生活が二重三重に複雑であることに、衝撃を受けるようになりました。

12月のある雨の日、バンクーバーで友人のマンションを訪れた時のことです。彼女のわんぱくな6歳の男の子が、欲求不満げに部屋の壁に体当たりしていました。すると友人が「落ち着かせるために薬を飲ませたほうがいいのかしら」といったので、私は耳を疑い彼女の顔を見ました。「単に、外で走ったり飛び跳ねたりして、思い切り遊びたいだけじゃないかな」言葉を選びながらいいました。そして、彼女を安心させようと、つけ加えました。「小さな子どもが活発なのは、いたって普通のことよ」と。友人の反応ですか？

「でも、雨に濡れるから外には連れて行きたくないの」

北欧的な考えからすると、友人が、運動や遊びではなく、まっ先に薬というアプローチを考えたことや、良い雨着に投資する選択肢を考えないことは奇妙に思えました。特にバンクーバーは、平均で年間150日以上も雨が降る、カナダで最も雨の多い都市のひとつなのですから。

同じくバンクーバーで、別の日のこと。私はカフェで、先ほどとは別の友人を待っていました。息を切らしながら現れた彼は、やって来るなり、交通渋滞のひどさと、駐車スペースを見つけることの大変さについて不満をいいました。それを聞くなり私は、「じゃあなぜ、歩くかバスに乗ることは考えなかったの？」と思いました。彼の家からカフェまではわずか数キロメートルの距離なのです。

しかし口には出しませんでした。偉そうに聞こえるかもしれませんし、それに、答えはわかっていたからです。私たちが育った80年代後半から90年代の北アメリカでは（そして多くの場所ではいまでもそうですが）、車を所有する行為は、その人のパーソナリティの延長線上にあり、欠くことのできない権利でした。車を運転しないという発想は、そもそも存在しなかった。そして思うに、いまでも存在しません。

ほかにも、ダイエットや運動など、健康に関わるさまざまな場面で、北アメリカでは多くの人が、必要以上に手間もお金もかかる方法に依存していると感じます。

ニューヨークに住む友人は、低炭水化物ダイエットから高炭水化物ダイエット、無炭水化物ダイエットまで、常にその時流行のダイエット法に挑戦しています。変わったものでは、粉末スープダイエットなんてものもあり、水を入れるだけでつくれるスープのパックが毎週、彼女の自宅に配達されていました。また別の友人は、ピーナッツバターダイエットから鶏肉ダイエットまで、あらゆるダイエットをやり尽くし、その上さらに、腸内洗浄やセレブ推薦の断食など、考えられる限りのデトックス法を試しています。

「すべてを変えてくれる」という最新ダイエット法に誰かが夢中になるたび、私はいつも同じことを思いました。

「健康に悪そうで、続けるのが難しい方法ばかり。ただきちんとバランスの良い食事をして、ビスケットやケーキ、甘い飲み物をやめるだけでは、ダメなのかしら」

対照的に、私が知る北欧の人たちは往々にして、シンプルで無駄のない常識的なアプローチで、健康づくりに励んでいます。もちろん一部には、極端なダイエット法やエクササイズプログラムに取り組む人もいますが、フィンランド人の同僚や友人が減量に成功したと聞いて、その方法を尋ねると、答えはたいてい、次のセリフをなぞることになります。「デザートを減らして、夜遅く間食するのをやめて、野菜を多く食べるようにした。それから、積極的に水泳や散歩をするようにした」

自分に合った、楽しめる運動法や食事法を探すこと自体は、決して悪いとは思いません。しかし、あまりに多くの人が、お金も時間もかかり、継続が難しいダイエット法に依存していて、それがさほど効果的でなく、もしかすると健康に悪いことすらあるように思えるのです。

フィンランドやスウェーデン、ノルウェーでは、ほかの先進国と比べて過体重の人の割合が低くなっています。WHO（世界保健機関）によると、過体重は伝染病のごとく蔓延しており、2014年時点、全世界で19億人以上の成人が過体重に分類されています。

スリムであることがすなわち健康だということではありませんが、しかし、現実問題として、太りすぎには健康リスクがついてまわります。高血圧もそのひとつですし、高血圧になると、冠動脈性心疾患、2型糖尿病、そのほか、さまざまな生活習慣病につながる可能性があります。

そういえば、フィンランドでは、自分の健康や身体に関して、人々が全面的に前向きな姿勢を持っていることに気づきました。

たとえば北欧では、体型のことを気に病んでいる人がかなり少ないと感じます。男女とも、ボディラインに完全に満足しているというわけではないかもしれませんが、私の知る多くのカナダ人やイギリス人のように、自分の身体に宣戦布告している人は見かけません。

もしかするとフィンランド人は、サウナ文化で育つために、自分の身体に対しておおらかな考えを持つことができるのかもしれません。「貧しい人の薬局代わり」ともいわれるサウナは、究極のリラクゼーション法でありデトックス法です。あたたかいスチームの中でしばらく座っていると、汗とともに毒素が身体の外に出ていきます。

古代、サウナは人々から崇拝される場所でした。最も清潔な場所として、サウナで出産が行われていた時代もあります。ある研究によれば、フィンランド式サウナは、エンドルフィンを放出して筋肉をリラックスさせるほか、痛みを緩和し、認知症を予防する効果もあるといわれています。

私は、サウナが人々の意識をフラットにする場所でもあることに感動しました。ここで他人の裸を見て育てば、裸に抵抗はなくなります。さまざまな大きさ、形があるのだと知ることもできます。そしてそれこそ普通で自然なのだと理解でき、ソーシャルメディアや雑誌に載っている〝完璧〟な身体に惑わされることもなくなります。

もうひとつ、フィンランドのサウナには重要な側面があります。平等性です。サウナにVIPシステムはなく、販売員の横に、前大統領が座ることだってあり得ます。ある意味で、サウナは北欧社会の非階層的な性質を表しているといえます。

フィンランドには、こんなことわざがあります。

「人はみな生まれながらに平等だが、サウナ以上に平等な場所はない」

また、私が北欧で出会った人たちの多くは、1年を通じて自然の中で活動することが文化的にプログラムされているかのようでした。夏と冬には、家族のコテージでゆっくり休んで充電し、心と身体を回復させます。

そして大多数のフィンランド人は、キノコとベリーの採り方、食べ方を知っています。これは生きていく上で——特に不景気の時には——とても役に立つスキルです。共同住宅などに住んでいて自分の庭を持てない場合も、全国に何千もの市民菜園やコミュニティガーデン(siirtolapuutarha)《シイルトラプータルハ》があり、誰でも小さな土地を購入し、地元の野菜などを育てることができます。

このように、その土地に根付いたものを食べるローカルフードの考え方は、世界的なトレンドになるずっと前から、北欧の暮らしの中で実践されています。

北欧のウェルビーイング　Nordic wellbeing

「ウェルビーイング」〔心身の充足感〕と「ライフスタイル」という言葉が注目されるにつれて、さまざまな国際報道機関が多くの紙面を割いて、世界各国の生活の質を分析するようになりました。

２０１７年、国連の持続可能な開発ソリューション・ネットワークが発表した「世界幸福度ランキング」においてフィンランドは、デンマーク、アイスランド、ノルウェーと並んで世界で最も幸せな国トップ５に入りました〔２０１８年版ではフィンランドは1位〕。

２０１６年の別の調査では、世界で最も進歩的な国に選ばれています。アメリカの非営利団体、ソーシャル・プログレス・インペラティブが発表した「社会進歩指標」において、北欧諸国はすべてトップ10内に入り、第1位がフィンランドだったのです。

この「社会進歩指標」が興味深いのは、GDPが評価基準に含まれないこと。その代わり、「人間の基本的欲求」「幸福の基盤」「機会」の3要素に基づき、社会指標および環境指標を評価しています。

この調査では、「社会進歩」を次のように定義しています。「社会進歩とは、市民の人としての基本的欲求を満たし、すべての人・コミュニティの生活の質を維持する基盤を整備し、かつ、すべての人の能力が存分に発揮される環境をつくることを指す」

この定義にはとても納得できます。実際に私は、フィンランド社会のインフラとセーフティーネットのおかげで、健康で円滑な生活を送れています。夫も私も、フルタイムの仕事を続けながら息子を育てることができましたし、キャリア面でもとても恵まれています。大手メディア企業に長年勤めたあと独立し、フリーのライター、編集者、放送ジャーナリストとして、世界中を飛びまわってきました。企業からのオファーもいくつか受け、テレビのニュース番組の司会の仕事もそのひとつです。その仕事を得たのは40代になってからですが、もしこれが、若さとルックスに関する意見が支配的な国だったら、私が同様のチャンスに恵まれたかどうかは、怪しいことでしょう。

フィンランドはほかの国際比較でも上位に入っています。2017年の脆弱国家ランキングでは、世界で最も安定した国に選ばれ、また別の調査ではスウェーデン、ノルウェーと並んで世界で最も自由な国だと評されました。また、2017年の世界経済フォーラムの観光競争力ランキングでは、最も安全な国に選ばれています。

しかし当然のことながら、フィンランドは決して完璧ではありません。北の地域ではしばしばそうであるように、長くて厳しい暗い冬は憂うつさを伴い、北欧ノワール小説やテレビドラマなどでは、その暗さがよく描かれています。

フィンランドはテック業界を牽引する存在にもなっており、ノキア、Linux〔コンピュータで使われるオペレーティングシステムの一種〕、スーパーセル〔モバイルゲームなどを開発するIT企業〕が生まれた国として知られ、デジタルヘルス分野でも数々のイノベーションを生んでいます。

しかしながら、私がウェルビーイング〔心身の充足感〕を手に入れ「シス」の感覚に出会うことができたのは、インターネットの世界ではなく、自然の中で過ごす北欧のライフスタイルにおいてでした。これはお金がかからず、シンプルなアプローチ。専用のアプリも、高価な機器も必要なく、時間や予算の制約を受けずに、ほとんど誰でも行うことができます。環境問題、将来不安、長時間座りっぱなしの生活、それに伴う健康リスクなど、私たちはいま、世界共通の課題を山のように抱えています。

もしあなたが、より自然体かつ健康的で、持続可能《サステイナブル》でバランスのとれた、自然とともにある暮らしを望むなら。私が出会った北欧ライフスタイルのエッセンスの数々は、きっとすばらしい入門書になります。

この本で私が示すように、そのほとんどは、世界のどこで暮らしていても実践可能なものです。以降の各チャプターでは、特定のテーマごとに、北欧のライフスタイルがいかにしてあなたの「シス」を強くしてくれるのかを、明らかにしていきます。

白夜の地で In the land of the midnight sun

広く持たれているイメージとは異なり、フィンランドは1年中寒いわけではありません。世界の最北近くに位置するため、夏の数ヶ月間はほとんど太陽が沈まず、時には、あたたかさにも恵まれます。数年前は5週にわたり猛暑が続き、35日連続で気温が25度以上に達しました。

8月初旬、あるとても暑い平日の夕方。私はヘルシンキのカタヤノッカ——私たち家族の住む街——の海岸にいました。冬にアイススイミングをした桟橋から東に歩いて数分、パステルカラーのアールヌーボー様式の住宅街を通り過ぎると、港には、夏のあいだ役目のない砕氷船(氷を割りながら進む船)が停泊しているのが見えます。「シス」をはじめ、「ウルホ(Urho)」(勇士)や「ヴォイマ(Voima)」(パワー)といった風変わりなフィンランド語の名前がついたそれらの船は、冬になるとバルト海に出て働きます。

木の桟橋の上に、ちらほらと人の姿があります。ほとんどが、私と同じく近隣の人たち。ここは昔から、「ラグ・ラグ(rag rug)」(不要になった衣服や端切れからつくるラグ)を天然マツの石けんで洗う場所になっており、この慣習の起源は何世代も昔にさかのぼります。石けん水による海水汚染への懸念から、一時は廃止される動きもありましたが、桟橋はいまもなお健在です。

桟橋の柵から、子どもたちが次々と海に飛び込み、楽しそうに声をあげます。私は親友のティーナと一緒に海に入り、ほてった身体を冷やします。

ブロンドヘアの小柄な少年が、柵の上で次々とスーパーヒーローのポーズを決めるので、ティーナと私は笑いました。次の瞬間、少年は、小さいながらもたくましいその身体で、海に向かって飛び込みました。

自然とのつながり The nature link

ティーナは50代のジャーナリスト。といっても10歳以上は若く見え、私の知るフィンランドの女性たちがたいていそうであるように、健康的な美しさとエネルギーに満ちあふれています。高度な教育を受け、旅を愛し、複数の言語に堪能です。

私たちには仕事だけでなく、たくさんの共通点があります。お互い子どもがいて（ティーナには子どもが2人、私には幼い息子が1人います）、1年中海で泳ぎ（私が冬にアイススイミングをはじめたきっかけはティーナでした）、自転車でほとんどどこへでも出かけて行きます。私はティーナに、北欧のウェルビーイング（心身の充足感）に関する疑問をぶつけてみることにしました。ティーナは職業柄、建設的で客観的な意見を述べる人ですし、もともとが謙虚な人です。「私たちはごく普通の人間だ」という価値観が根底にあり、それは彼女と同世代のフィンランド人に共通する姿勢です。

北アメリカの都市で育った私からすると、首都のかなり中心部に住みながら、ほとんどどこへでも自転車か徒歩で移動できるのは、贅沢なことに思えます。しかし、いま住んでいるヘルシンキのカタヤノッカ地区は、賃貸と持ち家、どちらも混在しており、ここで暮らすために特別裕福である必要はありません。

もし北アメリカの街だったら。きっと1日2~3時間を、通勤に費やさなければならないでしょう。1週間に換算すると最低10時間、ひと月では40時間、車の中で過ごすということです。一方、ここでは、日によって30分から1時間くらい、自転車に乗って新鮮な空気を吸いながら、運動を兼ねた通勤をすることができます。

日常的に自然に触れていると健康になる。私はその相関性を実感しつつありました。そこでティーナに尋ねます。自然と接点のある暮らしがフィンランド人を健康にしているのか。自然に対して常におおらかに向き合えるのも、そのせいなのか。

「全般的には、イエスね。私の場合、外に出ることは、心と身体、両方の健康に直結しているわ」ティーナは答えます。「30代前半の頃、1日でも外に出ない日があると、文字通り死にそうになるってことに気づいたの。でもスキーをしたり、泳いだり、エクササイズのクラスに参加したり、自転車であちこち出かけたりして身体を動かしている限りは、すごく気分が良くて体調も良くて、自分が強くなったと感じた」

1年を通してサイクリングや海での水泳ができるのは、一部には北欧のインフラのおかげ。北欧では「公益を分かち合う福祉国家」の原則に基づきインフラ整備がなされており、それはつまり、小さい所得格差、高めの税金ということに加えて、「誰もが育児、健康、教育、そのほかの必要なサービスを受けることができる」ということ。広大な緑地へのアクセスも、その一環なのです。

「とはいうものの」と、疑念がよぎります。

もしかすると私はたまたま、ヘルシンキのヒッピー的カルチャーの中にいるだけは？

さっそくティーナに疑問をぶつけます。「都会的かつ自然に恵まれた環境で暮らせるのは、私たちがたまたま、とても幸運なのかしら？　それとも、ヘルシンキの人たちの生活ってみんなこのようなもの？」

面白いことを聞くのね、といって、ティーナは続けます。「もちろん私たちは恵まれていると思う。でも、自然と接点のある暮らしをするのは、フィンランド人にとってごく当たり前のこと。遺伝子レベルでそう組み込まれているの。だからみんな、これが普通だと思っている」

「自然はそこらじゅうにある。そして、自然へのアクセス権は、公共インフラの一部よ」

ヘルシンキは、ヨーロッパの首都の中では珍しく、ほぼ全体を海に囲まれています。100キロメートルにわたる海岸線があり、約330の島々が点在しています。そして都市の中心部、および郊外や田舎には、数え切れないほどのビーチや冬場の水泳スポットがあります。

対照的に、諸外国の首都では多くの場合、海水が汚染されていたり、海岸が高く護岸されていたりして、人々が海に入れる場所は限られています。

ティーナはさらに、ヘルシンキは多くの北欧都市と同様、車に頼らず生活できる都市だと指摘します。「効率的かつ高速な交通インフラがあるおかげで、車がなくても生活ができる。都市計画に携わる人たちは、どうしたら人々が徒歩や自転車で移動しやすくなるかを常に考えているの」

ヘルシンキでは、年間を通じて自転車レーンを維持することに加え――それは冬のあいだ自転車レーンの除雪を行うことも含まれます――公共交通システムの中に、自転車シェアリングの仕組みを導入しています。電車などで使う乗車カードがあれば、公共の自転車をレンタルすることもできるのです。

フィンランドには、首都圏を含む国全体に、広大な公園や森があります。そして「万人の権利」というコンセプトのもと、自然環境や土地所有者の所有物を傷つけない限りは誰でもその広大な自然の中で、散歩やスキーやサイクリングを楽しむことができます。湖や海で泳ぐことも自由です（ベリーを摘んだり、ハーブやキノコを採ったりすることもできます）。

ティーナと私がその日の泳ぎを終えたのは夜。白夜の太陽が、水平線の真上で大きくオレンジ色に輝いています。

この時期のヘルシンキは、1日17時間ほどの日照時間があります。今朝の日の出は朝5時。日の入りはおそらく夜10時過ぎです。

桟橋に上がり身体を乾かし、顔見知りの何人かと軽くおしゃべりをしたあと、ティーナと私は白樺の木々が立ち並ぶ芝生のほうへ歩きました。そこで別れの挨拶を交わすと、停めてあった自転車にまたがり、それぞれの家路につきました。

ペダルを漕ぎながら、ティーナの言葉が思い出されます。「さまざまな活動、とりわけ、外で行うアクティビティによって、心も身体も、強くなれる」。外で過ごす時間が増えると、気分が良くなるという話には私も心当たりがあります。

フィンランドに来る前、私は森や自然とは切り離された生活を送っていました。そのことは間違いなく、うつ病や不安障害を悪化させる一因だったでしょう。とにかく自然とは無縁の生活でした。**自然の中で過ごす時間が少ない都会生活者ほど、うつ病や不安障害などのメンタル疾患の発生率が高い**ことは、スタンフォード大学やヘルシンキ大学など世界中の研究者たちが、すでに立証しています。

一方、アメリカの著者、リチャード・ルーブは、2005年の革新的ベストセラー『あなたの子どもには自然が足りない』〔春日井晶子訳、早川書房〕の中で、「自然欠乏症候群」という言葉を提唱しています。彼は、子どものさまざまな身体不調や精神症状に着目し、その原因は、屋内やバーチャル世界で過ごす時間が長く、外で過ごす時間が十分でないためだと指摘しました。

「シス」とはどんな意味だと思う？　とティーナに後日、テキストメッセージで尋ねました。

「いわれてみると、はっきりとした意味はわからない。ただ、何というか、『男らしさ』とか、『勇ましさ』という言葉が頭に浮かぶ。でももう少し考えてみると、女性が『シス』の塊だってことに気づくわね。ちょっとのことではくじけず、意志が強くて、あらゆる責任を引き受けて生きているでしょう？　フィンランドでは、そうなる歴史上の理由があったから。つまり、男性は仕事や戦争のために、森へ出て行き、女性は家に残り、とてもたくさんのことをしなければならなかった。畑を耕したり、家業を切り盛りしたり、さらに家事、子どもの世話、というように」

「シス」と健康やウェルビーイング〔心身の充足感〕のあいだには関係があると思うかどうか、尋ねました。するとティーナは、70代や80代の高齢クロスカントリースキーヤーたちのことが頭に浮かぶと答えます。「この国のあちこちで、クロスカントリーをする高齢者の姿を見かけるけど、みんな元気はつらつとして、とてもタフよね」

ティーナはさらに説明を加えます。「たしかに『シス』は、スポーツと結びつくことがあるかもしれないけれど、私にとっては、『シス』は日々を生き抜くためのスタミナでありレジリエンス〔立ち直る力〕ね。それがあるから、人生でいろいろと嫌なことがあっても、折れずに前に進み続けることができる。これはマラソンで優勝するとか、競争力という意味とは違うのよね。日々を生き延びる力、日々目標に向かって前進する力のこと」

ということは、フィンランド特有の性質――?

「そうとは限らないけれど」ティィーナは答えます。「ただ、北欧的よね。だってたとえば、北アメリカの犯罪小説で、女性主人公がズタボロに打ち負かされたとする。すると主人公は家に帰ってバスタブにお湯をため、グラスにウイスキーを注ぐのが典型的な展開でしょう。でも北欧版の場合、同じ目に遭った主人公はきっと、凍えるような冷たい水の中を泳ぎ、サウナに入ってダメージから立ち直ろうとするでしょうね。ヒーローはこうあるべきということにこだわって苦心するよりも、前に進むためにエネルギーを使い、ただ前進することに意識を集中させるの」

ティーナも私も、もう立派な大人。忙しく仕事をしながらさまざまな支払いに追われ、家族の世話に追われる日々です。しかしふと、なんだか私たちの生活は童話の世界のようだと思い、あの有名なムーミンの童話が頭に浮かんできました。愛らしいムーミンは物語の中で、自然界への好奇心と驚きを胸に、冒険の旅に出ます。

作家で芸術家のトーベ・ヤンソン(1914-2001)が生んだムーミン童話は、もともとは子ども向けのシリーズ本として人気を集め、後に新聞の連載漫画となり、さらにアニメや映画にもなりました。私がここでムーミンのことを思い出したのは、ぴったりだったかもしれません。というのも、トーベは幼少時代、私と同じ、カタヤノッカ島に暮らしていたのです。我が家から通りを少し行ったところには、彼女の功績をたたえて数年前にトーベ・ヤンソン公園と改名された公園があります。

オリジナルのムーミン物語には「シス」もたっぷり詰め込まれています。ムーミン一家の養子として迎えられたちびのミイは、自分というものを強く持った、勇敢でいたずら好きな女の子。困った状況に陥るたびに、必ずそこから抜け出すのです――たとえどんなことが、起ころうとも。

日常でできる「DIYシス」 DIY daily sisu

- 可能なら職場や学校に、自転車または徒歩で通います。道のりの一部だけでもかまいません。
- 廃棄や買い換えを考える前に、まず修理・修繕にトライしてみます。
- エレベーターではなく階段を使うなど、シンプルで毎日できることを取り入れましょう。
- 冬や厳しい気候は、世界のどこでもつきものです。あたたかく着込み、環境とうまく付き合いましょう。
- 家事を外注しているなら、週に一度は自分でやってみます。
- 週末の予定に自然を取り入れましょう。森を歩く、ビーチへ出かける、庭にハーブを植えるなど。外で泳ぐのも良いですね!

CHAPTER 2

「シス」を探して

「シス」のマインドセットを育てる

In search of sisu: cultivating a sisu mindset

心に陰りが差した時、私はよく本に癒やしを求めます。それは育った環境のせいかもしれません。両親は本を愛する人たちで、ありがたくその情熱を受け継いだ私は、5、6歳の頃にはかなり熱心な読書家に成長していました。

本や物語の世界はいつだって私を励まし、勇気をくれます。憂うつに押しつぶされそうになった時も、本の世界に逃げ込めば、私は安心でした。

よく覚えているのは、小学校1年生の朝の時間。オレンジ色のTシャツにデニムのジャンパースカートを履いた私は、クラスのみんなと輪になって床に座っていました。そしてはじまる、

「ABCの歌」の時間。歌のあいだ、私は心の中でため息をついていました。

「これがまいにち、つづくの……?」

しかし、そこに救世主が現れました。先生が1冊の絵本を見せます。『かいじゅうたちのいるところ』――モーリス・センダックの、あの魔法のような本です。ページがめくられた時、私は雷に打たれたような衝撃を受けました。そして、救われた、と思いました。ああ、だいじょうぶ、なにもかもきっと、だいじょうぶなんだ。主人公の孤独な少年マックスは、想像の翼を広げて、自由を手に入れた。冒険に満ちたこの児童文学は私に、生きる希望を与えてくれました。

〰

10代後半から大人になっていくあいだも、本の世界に心のよりどころを求める旅は続きました。

救われた二度目の記憶は、ブリティッシュコロンビア〔バンクーバーがあるカナダの州〕沖のガルフ諸島にある友人家族のコテージで、大量の『ニューヨーカー』誌を発見した時です。当時、1980年代の私は多感で不安定なティーンエイジャー。そんな私にとって、『ニューヨーカー』はすべてが新鮮。まったく新しい国際的な世界が、突然に目の前に拓けた気がしました。ライターや作家、ジャーナリストといった仕事に最初に興味を持ったのも、この時です。

それからおよそ4半世紀後。『ニューヨーカー』は地球の反対側で、私に「シス」と「幸せ」の関係を解き明かす有力なヒントをもたらすことになります。

2016年の春、『ニューヨーカー』は「幸福の用語集」と題した記事を掲載。ジャーナリストのエミリー・アンセスは記事の中で、イースト・ロンドン大学で応用心理学講師を務めるティム・ロマスが、「シス」からインスピレーションを得て「ポジティブ用語辞書編纂プロジェクト」を立ち上げたと伝えていました。ロマスは、「シス」のように、英語に翻訳することのできない「ポジティブな特性を表す単語」を世界中から集めるべく、プロジェクトを発足。ポジティブ心理学国際会議に出席した際、当時ヘルシンキのアアルト大学博士課程に在籍していたエミリア・ラハティのプレゼンテーションを聞いたのだといいます。

「シス」について、記事では、「忍耐またはグリット〔やり抜く力〕と似た意味を持つものの、決して同義ではない」と解説していました。また、ロマスの語るところによれば、ラハティはプレゼンテーションの中で、「シス」を普遍的な特性だと語っていたそうです。

これこそ探し求めていたものでした。『ニューヨーカー』のおかげで私はついに、一流の「シス」研究者を見つけることができたのです。

私がはじめてエミリア・ラハティに会ったのは、ヘルシンキのとあるイベント会場でした。フィンランド科学アカデミーが主催した独立100周年記念セミナーの中で、ラハティの基調講演が行われたのです。

30代半ばで、にこやかな彼女がステージに立つと、その快活なオーラで会場内がぱっと明るくなりました。黒いブラウスにジーンズ、足下はブーツ、腕にはスポーツ・ウォッチ。ラハティはウルトラマラソン〔42・195キロを超える距離を走るマラソン〕のランナーでもあります。自己紹介として、自分が研究者であり社会活動家であること、社会心理学と応用ポジティブ心理学の修士号を持ち、ポジティブ心理学の先駆者、マーティン・セリグマンに師事したことを語りました。セリグマンといえば、ベストセラー著書『世界でひとつだけの幸せ――ポジティブ心理学が教えてくれる満ち足りた人生』〔小林裕子訳、アスペクト〕や『ポジティブ心理学の挑戦〝幸福〟から〝持続的幸福〟へ』〔宇野カオリ監訳、ディスカヴァー・トゥエンティワン〕をはじめ、数々の功績を残している人物で、学習性無力感の研究者としても有名です。

ラハティが「シス」の研究を思いついたのは、ペンシルベニア大学に在籍していた時のこと。『やり抜く力――人生のあらゆる成功を決める「究極の能力」を身につける』〔神崎朗子訳、ダイヤモンド社〕の著者、アンジェラ・ダックワースのもとで研究を行っていました。

講演の中でラハティは、フィンランドに古くから伝わる概念「シス」は、一見不可能な賭けにも立ち向かう精神的タフさや、重度のストレスに耐える力を表す点が特徴だと語りました。「『シス』は、ひとつの生き方、哲学として、長きにわたりフィンランドの人々に影響を与えてきました」。またラハティは、「シス」は文字通りには「guts」〔いわゆる「ガッツ」、肝や根性、および内臓を意味する〕のことだと説明しました。「フィンランド語の『sisus』は、『内にある何か《サムシング・インサイド》』という意味です」

さらには、シベリウスの言葉を引用して「『シス』とは、不可能を可能に変える力をくれる、強心剤のようなもの」と。

ラハティは自身の経験を振り返り、大学院時代の指導教官、アンジェラ・ダックワースが自分の研究を導いてくれたと話しました。「テーマを決めかねていた時、アンジェラが、『シス』に焦点を当ててみたらどうかと勧めてくれたんです。私の生き方や研究を見ていた彼女は、そこに何かあると見抜いていたのでしょう」

ヘルシンキ中心部にそびえる荘厳なハウス・オブ・エステートの建物内でこの話を聞いた時、私は自分にも心当たりがありました。これまで何度となく思ったこと。つまりフィンランド人は、その謙虚さゆえに、自分たちがどれほど興味深く、すばらしい資質を持つユニークな存在かということにほとんど気づいていないのです。しかしダックワースがそうだったように、部外者《アウトサイダー》の目にはわかる。フィンランドの思想はとても魅力的で、研究に値するのだということが。

「研究を通じて、わかったことがあります」とラハティは、次のことを強調します。『「シス」は、自分が試される状況に身を置くことの大切さを語っています。困難な状況の中で、『自分には何ができるか?』と問いかけることが大切なのです」どこか聞き覚えのある説明でした。そうです、これまで私が「シス」とは一体何なのだと尋ねてまわった時、多くの人が口々に語った言葉。それがこの時、鮮明に思い出されました。

〰

情熱を持って何かに取り組んでいる人の多くがそうであるように、ラハティもまた、自分の研究に対してパーソナルな関心を重ねています。かつて家庭内暴力の被害に遭い、それを乗り越えた経験が、逆境から立ち上がる力、「シス」の研究へと結びついていったのです。

ウルトラマラソンのランナーでもあるラハティは、毎日厳しいトレーニングをこなしています。彼女のプレゼンを聞いて、こんな疑問が浮かんできました。

「強い肉体が強い心をつくり、それが、『シス』にもつながっていくのだろうか」

経験からすると、おそらく答えは、イエスです。

この疑問をぶつけるべく、アンドレ・ノエル・チャカーに電話をかけました。彼は、カナダ生まれの弁護士で、講演者として非常に人気があり、起業家であり作家。ここ20年ほどのフィンランドで最も成功をおさめている人物のひとりです。彼のベストセラー『フィンランドの奇跡――成功の100年間（The Finnish Miracle: 100 Years of Success）』では、まるまる1章分が「シス」の説明に割かれていました。そこで、尋ねます。フィジカルな強さは、「シス」を鍛える上で有効かと。「間違いなくそうです」とチャカーは答えました。「私はこれまで、全人生をかけて『シス』を追求してきた。つまり、決してあきらめないということについて。そしてその目的のため、冬の海で熱心に泳ぎ、マラソンを走り、トライアスロンにも挑戦してきたのです」

2014年に行われた「TEDx トーク」〔研究者、起業家、作家などさまざまな分野の人が講演を行うトークイベント〕の中でチャカーは、「シス」をこう表現しました。

「不可能を可能にする、氷のように冷たい決意」

およそ1ヶ月後。ラハティとスカイプで話をしました。

「心と身体は互いに関係している」という考え方は「シス」に当てはまるのか。身体が強く健康であることは、精神面での「シス」の強さに影響するのかどうか。彼女に質問しました。

「まさにいま考えているテーマなんです」とラハティ。「研究をはじめたばかりの頃は、心理学や脳の観点から『シス』について考えていました。でも最近、徐々に、『身体化された認知』という考えに目を向けるようになったんです。その理論では、身体は心に影響を与えると考えます」

ラハティが「心と身体の関係性」に着目したのは、2017年はじめのこと。たしかに、比較的最近の話です。

「これまで私は、『シス』はグリット〔やり抜く力〕と同じように、非認知的な資質だと捉えていました。非認知的な資質とは、たとえば、誠実さであるとか、思いやりといったもの。人が誠実で思いやりある行動をとる時、思考は介在しません。知能の働きも直接は関係しません。でも、『シス』はそれとは違うのではないかと」。この気づきがひとつの肝だったと、ラハティはいいます。

ある夜、ラハティは研究論文の執筆に取り組んでいました。しかし思うように進まず、その晩はあきらめて眠ることに。

「腹の底で何となく、すごく重大なことを見過ごしているという気がしていました」

翌朝目覚めると、まわりの景色がすっかり変わっていたといいます。

「急にひらめきました。答えはすぐ手元にあったんです。私は2013年から集め続けてきたインタビューデータを見返しました。1208名のフィンランド人とフィンランド系アメリカ人の回答データ。質的調査としては十分な数です。そして、ある明らかな関係に気づきました」

「『シス』について語る時、人々は腹部（gut）のあたりを見ていました。まるでそれが文字通り『腹の中』にあるとでもいうように。心や、頭の中ではなく」

「ヒントは『sisus』という言葉にありました。フィンランド語の語義通りには、何かの『内部』や『内側』を指します。それでピンと来たんです。『シス』は精神的な強さを、身体の上に具現化したものだと。これまで心の問題だと思っていた、どんな時も折れずに前に進み続ける強さや力は、私たちの身体、肉体にも反映されているんです」

つまり「シス」は、単に心のあり方を指しているのではなく、身体の状態とも密接な関係にあるのだということです。

「私たちがいつも脳の話だと思っていることは、実は腸（gut）の話でもあるんです。たとえば、科学者の中には、きちんとした栄養を取ることでうつ病を治療できた人たちもいます。私の場合はアスリートとして、腸に良い生活をしなければ、ベストなパフォーマンスを発揮することはできません。前の晩にピザを食べれば、それは翌日の走りに影響します」

ラハティはまた、腸が、全体の約80パーセント（説によっては90〜95パーセントとも）のセロトニンを生成していると示す研究に触れました。

神経伝達物質であるセロトニンは、脳機能や心の状態に影響を与えます。セロトニンの減少はうつ病を引き起こすことがあり、またセロトニンには、睡眠や記憶、学習、性欲を制御する働きもあります。

「心と身体は互いに関係し合っている。それが『シス』の一番の特徴かもしれないと、最近は思いはじめています」とラハティ。「だから私たちは、『シス』を『気合いや根性で困難に打ち克つこと』と考えるべきではありません。『気の力も使って、困難に対処すること』だと捉えるべきです」

「シス」は増やせる？ Can we increase our sisu?

ラハティに次の質問を投げかけました。「誰でも『シス』を増やすことはできますか」

ラハティは、イエスともノーとも答えませんでした。「時にシンプルな問いほど、深く難解で、答えが見つけづらいものです。もしアンジェラ・ダックワースに、グリット〔やり抜く力〕を鍛えることは可能かと尋ねたら、きっと、『まだ完璧な答えは得られていない』という返事が返ってくることでしょう。けれど彼女はしばしば、スタンフォード大学の心理学教授キャロル・S・ドゥエックの研究を引き合いに出します。ドゥエックの理論によれば、私たちがどんなものの見方をするかによって、将来の行動は大きく変わってくるんです」とラハティ。

「だから重要なのは、『自分の能力は不変ではなく、努力次第で伸びるのだ』というマインドセットを持つこと。それこそが将来の行動を決定づけます。もし私が、『どうせ虐待関係から逃れられない』とか、『私にマラソンなんて走れない』と信じるなら、やってみようと行動することはまずないでしょう」


ラハティは自身のホームページ（emilialahti.com）に、フィンランドのレジリエンス〔立ち直る力〕に関するさまざまなコラムを載せています。私はその記述の中に、知りたかった答えを見つけました。

「『シス』があれば、困難に立ち向かう勇敢な姿勢、すなわち『アクション・マインドセット』を持てるようになる。つまり『シス』とは、人生に降りかかる数々の試練を果敢にチャンスへと変えていく、ひとつの生き方なのだ」


では、たくましく健康な肉体を持てば、「シス」は増やせるのでしょうか？

ラハティは、結論に足るデータはまだ得られていないものの、と前置きしつつ「イエス」といいます。

「心と身体の相互関係は『シス』の特徴だと、仮説を立てることはできます。ただ、ここからここまでが『シス』だと、きっぱり線を引くことはできません。もっといくつもの要素が混ざり合っている。わかりやすい例として、『文化の力』があります。ここでいう文化とは、コミュニティ内で大事にされている共通の価値観のこと。私は、あなたがフィンランドに長く住んでくれているのはとてもすてきだと思う。住み続ける中で、『ここは逃げ出すほど寒くはない』と思ってくれたんですよね？　それはフィンランド人の暗黙の行動規範なんです。環境は時として、私たちの行動を一定方向へ促します。人間は、コミュニティの一員として認められたいという気持ちから、周囲の人に合わせた行動を取るものだから」

たしかに、フィンランドの「何度でも立ち上がる」文化に深く入っていく中で、私は変わりました。受け身で用心深く、挑戦を避けて通るタイプだった私が、リスクを取って道を切り拓く人間へと変わっていったのです。フルタイムの安定した仕事を手放しフリーランスになったこともそうですし、凍った海に思い切ってつま先を浸してみたことも、変化のひとつ。「できない」「疲れた」から「OK、やってみよう」になった。すると、「なんだ、これって最高じゃない！」となり、気づけば「もしこれができたら、あとほかに何ができるかしら？」と考える自分がいました。環境が、私に変化を引き起こしたのです。

「シス」の起源　The origins of sisu

フィンランド語の言語学者、マイヤ・ランシマキによれば、「シス」という言葉の使用は、少なくとも1500年代までさかのぼります。当時の文書では、人の性格や生まれ持った資質を表す場合と、何かの内部、内側という意味の両方の用例があります。フィンランドの作家・司教で教授のダニエル・ユスレニウスにより1745年に出版された辞書では、「sisucunda」は「強い感情が感じられる人体内の場所」と定義されています。

昔の記述では、「シス」の〝良くない〟面として、頑なになりすぎ、敵対的で、あきらめた方が賢明な時にあきらめられない、と説明されています。

現代の文脈では、「シス」が強すぎると自分を過剰に追い込み、物事のやめどきや人に助けを求めるタイミングを見失うために、燃え尽き症候群などの深刻な健康問題につながるとの懸念が指摘されています。

ラハティは次のことを強調します。「私たちは同時に、自分を思いやることを学び、他人のがんばりを認める姿勢を学ぶ必要があります。『シス』の欠点は、人に助けを求めるのは弱さのあかしだと考えてしまうこと。これは、人を孤独な戦いに追いやってしまう。そんな戦いに耐えられる人はいません。だから、ただ『シス』について論じるだけでなく、私たち一人ひとりが持つ資質と、共同体が持つ『シス』の両方について目配せする作業が重要ですし、『シス』をどんな場面で用いるべきか、よく考えることも大切です」

フィンランドには苦難の歴史があります。20万人の死者を出した1867年の大飢饉、何十万人もの命を奪い、再建困難なほど国家に混乱をもたらした二度の世界大戦。これらは結果的に、レジリエンス〔立ち直る力〕を育む役割を果たしました。

2012年にヘルシンキが世界デザイン首都に選ばれた際、フィンランドの有名なデザインディレクターの女性が、自国のデザインとイノベーションを生み出す原動力について、スピーチで語りました。彼女は、フィンランドは冬戦争のような国だと話しました。革新は、厳しい状況の中で生まれる。何もかも順調で快適な時には生まれないのだと。

「シス」をめぐる研究——学力と「シス」、あきらめない子どもたち Studies in sisu

バルバラ・シュナイデルは、ミシガン州立大学教育学部社会学科の教授。15冊以上の本を出し、100本以上の学術記事を発表している彼女は、学習体験のリアルタイム測定の研究開発分野において、重要な役割を担ってきました。学力向上に有効な「ラーニング・マインドセット」の科学的解明を目指す「マインドセット研究者ネットワーク」の共同委員長でもあります。社会的要因が若者の学力とウェルビーイング〔心身の充足感〕にどのような影響を与えるかについて研究を進めるかたわら、「シス」についても研究を行っています。

私は、エミリア・ラハティに出会ったのと同じヘルシンキのイベントで、シュナイデルの研究を知りました。

シュナイデルは笑顔が魅力的な小柄な女性。イベントの中で彼女は、フィンランド科学アカデミーの会員に選ばれ（シュナイデルはヘルシンキ大学の名誉博士号も持っています）、学習における「シス」の役割について、フィンランドとアメリカの中学生の比較研究を題材に短いプレゼンテーションを行いました。

フィンランドは、2001年に発表された最初のPISA〔経済協力開発機構（OECD）が15歳児を対象に行っている国際的な学習到達度調査〕において、読解力、数学的リテラシー、科学的リテラシーの3分野でOECD加盟国中トップクラスの成績をおさめて以来、その教育システムが諸外国から注目を集めています。

シュナイデルのプレゼンテーションでは、次の話が印象的でした。「難易度の高い課題を与えた時、アメリカの生徒のほうが早くあきらめる傾向にあり、対照的にフィンランドの生徒たちは、なかなかあきらめませんでした。おそらくもっと困難な課題を与えたとしても、フィンランドの子どもたちは、より長い時間そこに固執することでしょう」

詳しく話を聞こうと、シュナイデルに電話取材を申し込みました。

まずは「シス」の文化的背景について尋ねます。

「アメリカへ行くと、社会の原理は個人主義と消費主義。ここでは誰でもうまくやれます。ただ必要なのは、努力のみ。一方でフィンランドの場合は、人々はどんな逆境にあっても、決して逃げ出さない。こうした強い忍耐力があるのは、みずからを鼓舞し、いかなる現実をも引き受ける力を人々が内面化〔社会が持つ価値観や規範を自分のものとして受け入れること〕しているからです」とシュナイデルはいいます。「フィンランドの歴史において、飢饉、独立の達成、厳しい天候など、危機に直面するたびに生き抜く原動力になったのは、この内なる力、『シス』でした。『シス』はグリット〔やり抜く力〕とは違います」

シュナイデルの研究チームは、すぐにあきらめてしまう子とそうでない子の違いを明らかにするため、Google のソフトウェアエンジニア、ロバート・エバンスが設計したプログラムを使い、約5年にわたって、教育学的観点から子どもの社会的経験と感情的経験を分析してきました。

フィンランドの子どもは難しい課題に直面してもあきらめる傾向が低いことを示すデータが得られたことは、多くの意味で重要な発見だったとシュナイデルはいいます。「子どもの能力水準に応じて、より難易度の高い教材を開発する必要があることもわかりました」

「私たちの真の関心は、社会的・感情的学習や勉強の中で、科学の存在感をどのように高められるかということです。いまのところ、フィンランドは科学の分野で驚くほど好調ですが、一方で、高校卒業以降の子どもたちの科学離れが問題になっています。もっと科学に興味を持ってもらうことが、子どもたち自身にとっても世界にとっても、重要です」

シュナイデルは、なぜ「シス」に関心を寄せているのでしょうか。

「地球は不安定で、温暖化は確実に進んでいる。そんな厳しい現実の中、実験と検証を通して物事を変え、将来を築いていける若い人の力が必要なんです。私たち研究者は、どうしたらもっと若者の起業家体質を育てることができるかを真剣に考えています。どうすれば、科学、テクノロジー、モデリング〔事象の本質を捉え抽象化した形式で表すこと〕に堪能な若者を育成できるか。今後、この惑星を滅ぼさないためには、それらのスキルが不可欠なのです」

「シス」は教えられるものなのか。

シュナイデルは、よくわからないと答えました。

「『シス』は、人がある土地に住み、その国のアイデンティティを獲得していくプロセスで生まれる、生命の適応みたいなものです。けれど、**粘り強さや、困難に直面してもあきらめない姿勢といったものは、たしかに教えられるのでは**」

「フィンランドがとても少人数の集団だという事実をふまえると、『シス』は、PISAでの良い成績や、国としてすばらしく成功していることの理由のひとつだと思います。また、フィンランドは〝人〟にかなり大きく投資していますよね。それも見逃せない事実です。教育と社会へしっかりと投資する、それをやっているのがフィンランドですから」

同じ頃、ダグラスに会いました。ヘルシンキに来て1年になるアメリカ人学者で、ギリシャ古典を研究している彼は、私が毎日泳ぎに通っている桟橋でよくおしゃべりする通年スイマーのひとり。

常々フィンランドの外からの視点に興味がある私は、ダグラスに「シス」とは何だと思うか尋ねました。

「『シス』を持ちたければ、意志を強くするトレーニングが要る。筋肉と同じで、『シス』は自分で鍛えるものだから」

自信たっぷりに断言しました。
ええ、私もその考えに賛成です。

「シス」のマインドセットを持つには　A sisu mindset

- 「シス」はフィンランド古代の概念。精神的なタフさ、忍耐強さ、レジリエンス〈立ち直る力〉と関係しています。
- 「シス」は強いストレスに耐える力で、一見不可能なことにも果敢に挑戦します。

「シス」があれば、困難に立ち向かう勇敢な姿勢、すなわち「アクション・マインドセット」を持てるようになる。つまり「シス」とは、人生に降りかかる数々の試練を果敢にチャンスへと変えていく、ひとつの生き方なのだ。

「シス」研究家　エミリア・ラハティ

- 「できない」「やらない」の代わりに、「どうすればいい?」と自分に問います。
- 健康でたくましい身体をつくれば、「シス」を強くすることにもつながります。

CHAPTER 3

冷水治療《コールドウォーター・キュア》

アイススイミングでうつ、ストレス、疲れが吹き飛ぶ?

Cold-water cure: can winter swimming alleviate the symptoms of depression, stress and fatigue?

私がはじめてアイススイミングに挑戦した日はバレンタインデーでした。フィンランドのバレンタインデーは、(海外の一部地域のように)ロマンチックな愛の日ではなく、「友情の日」として祝われています。

いま思えば、凍てついた冬の海への初出航が、この愛情あふれる日だったのはぴったりでした。この日を境に私は、冷たい海で泳ぐ行為や、それを楽しむフィンランド人たちと急速に〝恋に落ちた〟わけですから。

挑戦への招待状は予期せぬ形でもたらされました。ある日、友人ティィーナのディナーパーティーに出かけたところ、そこで熱狂的なアイススイマーたちに出会ってしまったのです。

そんなわけで私はいま、凍える寒さの暗い2月の夜に、水着とウールの帽子姿で桟橋に立っています。隣には、例のパーティーで知り合ったリーッカ。彼女は3人の子の母親で（3人ともすでに成人しています）自営の仕事をバリバリとこなし、その若々しさは、中年女性というより、まるでティーンエイジャーのよう。

極寒の風がびゅうっと吹き、思わず震えました。

冬の水泳に臨むにあたって、リーッカはゴム素材の水泳用手袋とサンダルを貸してくれました。「冬は凍った道に滑り止めの砂利が撒かれていて、裸足で歩くと痛いの。それに手足は特に寒さに敏感だから」とのこと。また彼女は、多くのスイマーたちがしているように、頭を冷やさないためのウール帽をかぶり、私も真似しました。

更衣室の壁に貼られたポスターに目をやると、「安全に泳ぐためのルール」が書いてあります。アルコール摂取後は避ける。発熱やインフルエンザ、そのほか心臓に異常がある場合や高血圧、ぜんそくの場合はまず医師に相談が必要。水中へ潜る際は、身体が冷たい水に慣れるよう、徐々に浸からせていくこと。ひとりではなく同伴者とともに行うことが推奨される――。

リーッカが先に入って、お手本を見せます。水の中に少しずつ身体を沈めていき、それから、小さく円を描くように泳ぎました。信じられません、なんという勇気！　私はもう恐怖でいっぱい。「どうかしている！　無理よ、無理……！」そう心の中で繰り返します。

でも、私の番です。極寒の水の中にゆっくりと身体を沈める――。すると苦しさのあまり、目が大きく開いて呼吸が激しくなりました。水（2度）が「冷たい」を通り越して、「痛い」のです。なんとかはしごを数段下りましたが、死ぬほど冷たい水が胸の位置まで迫ってきた時点で、私はすぐさま上に引き返しました。

一刻も早くあたたかいサウナに駆け込みたいと思いました。

しかし突然、冷水にさらされ麻痺していた身体がガタガタと震えはじめ、かと思うと、冷たい痛みはあたたかなほてりへと変わりました。マッサージを受けたあとのような、あるいは強力な鎮痛剤が効きはじめた時のような。

私たちはシャワーを浴び、熱いサウナに入りました。氷水に入ったあとのサウナの気持ちよさといったら。リーッカがサウナストーンに水をかけた時、私はもう一度海に入ろうと覚悟を決めました。というのもこの時、あまりにも気分が良くなっていたのです。

その夜、私は久しぶりに深い眠りにつきました。ストレスや疲れはどこかへ消え、おだやかな気分が全身に満ち満ちていました。こんな感覚を味わうのは、いつぶりだろう――。

私が冷たい海で泳げるようになるまで The art of an icy dip

フィンランドのアイススイミング・クラブの多くは、入会希望者の長い待機リストがあります。しかし私は幸運でした。当時、夫と息子と住んでいた家から数ブロック先にリーッカの入っているクラブがあり、ちょうど新しい会員を募集していたのです。

すぐに約100ユーロの年会費を支払い入会しました。これで11月から3月下旬までのシーズン中は、毎日午前6時から午後10時30分まで泳ぐことができ、更衣室やシャワー、サウナも利用できます。

そしてさっそく、週に数回、夜に通いはじめたのですが、水中で軽く平泳ぎができるようになるまでには、しっかりワンシーズンかかってしまいました（もともと水泳が得意なほうではなかったのです）。最初の頃は、どうにかして肩までちょっと水に浸かると、（心の中で）悲鳴をあげながらすぐさま飛び出し、サウナであたたまったあと、2回目のチャレンジでもう少しだけ長く水に浸かる、といった調子でした。

しかし、3季目に入る頃には、最初から水にしっかり入り、30秒くらい泳げるようになりました。体力がついて「シス」が鍛えられるにつれ、寒さへの抵抗力が増して、冷水に入った瞬間の痛みも以前ほど感じなくなりました。それに私は、「痛みなくして、得るものなし」と考えるようになったのです。だって最初の数秒がどんなに辛くても、あとで必ず、極上の気持ちよさがやって来るわけですから。

この新しい趣味ができたことで、いろいろな変化がありました。

まず気持ちが上向きになりました。アイススイミングではエンドルフィンがたくさん出ますし、また、生き生きとした水泳仲間たちと時間を共有することで、前向きな気持ちになれるのです。特にニュースルームでの忙しい1日や、締め切り前の慌ただしさのあとでは、その効果を強く感じます。

ストレスフルな1日を過ごし、「お酒を飲みたい！」と思った夜は、ワイングラスに手を伸ばす代わりに、泳ぎに行くようになりました。

泳いだあとに訪れる陶酔感は、ワインを飲んで酔った時の気分と少し似ています。昔は不安から、あるいは自分そのものから解放されたくて、よくワインを飲んでいました。けれど、冷たい水で得られる心地良い気分には、アルコールと違って、副作用はありません。眠りが浅くなることもないし、翌日、倦怠感に襲われることもありません。ワインよりも冷水治療《コールドウォーター・キュア》のほうがはるかに元気になれる。そう実感するまでにさほど時間はかかりませんでした。

私は長いあいだ、アルコールとの矛盾した関係を続けていました。アルコールは抑制剤（精神や身体の機能を抑制する効果のあるもの）として知られ、一般的に、気分が落ち込みやすい人にはあまり良くありません。当然、そのことは、十分理解していました。なにしろ私は、自分磨きの「やることリスト」がみっちり書き込まれた日記やノートを、少なくとも20年分は所有していましたから、我ながら感心します。そこに繰り返し（泣きつくように）書かれていたのは、次の言葉。「飲む量を減らすこと！」

氷のようなショック療法が、私の心身の不調をほぼすべて解決してくれることを発見してようやく、これまで精神安定のためにどれだけ大量のアルコールを摂取してきたか、認識しました。

1滴もお酒を飲まなくなったわけではありません。いまでも特別な場面ではワインやシャンパンを1、2杯味わいます。でも、アルコールはもはや、困った時に頼る相手ではなくなりました。

これはとてもシンプルな方程式なのです。飲む量が少ないほど、気分は良くなり、満たされる。しかしこの境地にたどり着くまでに私は、とんでもなく時間を費やしてしまいました。

さまざまな不調に効くアイススイミング A remedy for a range of ailments

冷水浴《コールド・ディップ》はほかにも、疲れやストレス、パソコンの長時間使用による首や肩の凝りなど、さまざまな不調に対して自然治療薬としての役割を果たしてくれました。鎮痛剤に手を伸ばしそうになったら、まずは泳ぎに行ってみる。するとたいていの場合は効き目があり、痛みが自然と治まります。

「海が私の薬箱」——そう思うようになりました。痛みも悩みも全部、海に置いてこられるからです。水泳仲間たちも同じようなことをいっています。

アイススイミングには「いまに目を向ける」という瞑想的効果もあります。うつ病や不安障害の特徴のひとつとして、ネガティブな考えを延々と反芻してしまうというのがありますが、反芻癖がある人にとって、「いま」に集中するスキルを身につけることは有用です。〝温〟(サウナ)と〝冷〟(水泳)を交互に行うと、筋肉と心の両方をリラックスさせる生理的効果があるのに加え、冷たい水は私を、〝いま、この瞬間〟に導いてくれます。

「これをしなくては、あれもすべき、ああ、あの時の行動は正しかったのだろうか?」などと、その時どんな考えをめぐらせていようとも、冷たい水に入った瞬間、意識は「いま」にフォーカスします。いまを感じ、触れて、見て、聞いて、そして味わうようにと、導かれるのです。

たとえ水中にいるのがわずか30秒でも、思考の中断はリセットボタンの役割を果たします。逡巡を断ち切り、そこから一時的に離れることで、どんな物事もより対処しやすく思えるようになります。「すべてが最悪」と考える私の思考回路が、「すべては順調」という見方に修正されるのです。


このようにさまざまな不調に効くコールド・セラピーですが、さらに、私が苦しんできた「漠然とした痛み」をも緩和してくれることがわかりました。それはうつ病症状のひとつで、具体的にどこかが痛むわけではないのですが、しばしば身体が重くだるくて、何をする気も起きなくなってしまうのです。しかし、冷水浴《コールド・ディップ》をすることでこの倦怠感がきれいに取り除かれ、エネルギッシュな全能感に置き換えられることがわかった時、これからはこのシンプルな方法で、身体をケアすれば良いのだと思えました。

そして、私はひとりではありません。10代から80代まで、アイススイミングで日々「シス」を鍛えている人たちに大勢出会いました。その誰もが活力にあふれています。そこでこのスイマーたちに、なぜ「アヴァント（avanto）」（フィンランド語では、凍った海や湖にあけられた穴をそう呼びます）にやって来るのか、泳ぎをはじめてどんな良いことがあったか、話を聞いてみることにしました。

スイミング・クラブでは、男性とも言葉を交わすのですが、よく話すのは、やはり更衣室やサウナで一緒になる女性たちです。

70代と80代の元気な2人。明るい色の水着と帽子を身にまとい、目はキラキラと輝いて、毎朝早くに、サウナは入らず泳ぎにだけ来ています。「これをやっていると、身体が痛むことがまずないわね」それに、「不眠症にも良いのよ。一晩ぐっすり眠れるわ」とつけ加えました。

たしかに、多くのスイマーたちから、アイススイミングをはじめる前は、朝、特に暗い冬の朝が辛かったという声が聞かれました。気持ちが明るくなった、という人もいました。またある女性は、更年期中の身体のほてりをとるのに良いのだと教えてくれました。

スイマーの数だけ、水に入る理由がある。ただシンプルにストレスを解消し、現代社会のジレンマに打ち克つために泳いでいる人たちもいます。「便利になったはずが、常に時間に追われている」——そんなせわしなさは、どこにいても普遍的な悩みのようです。

仕事をしながら子育てや介護に追われる多忙な女性たちにとっては、アイススイミングは〝救い〟です。すべての雑事から離れて休める唯一の貴重な時間。この休息のおかげでまた元気にがんばれるのだと、女性たちは話してくれました。

海水が肌に良いと語る女性もいました。敏感肌や湿疹といったトラブルを抱えている場合、塩を含んだバルト海の水が、かゆみを抑えてくれるのだそう。天然の〝エプソムソルト風呂〟（エプソムソルトは、欧米でバスソルトとして一般的）といったところでしょう。

私たちはヘルシンキの中心部近辺の海で泳いでいますが、アイススイミングまたは「アヴァント」の最も伝統的な形は、凍った湖に丸または正方形の穴をあけて、そこに入るというもの。フィンランドは「千の湖がある国」と呼ばれることがありますが、実際には、18万7888もの湖があります。

この国には数十万人のアクティブなアイススイマーがいるとの推計がありますが、とはいえ、誰もが冷たい水に飛び込み、泳ぎまわっているわけではありません。近所に住む人の中には、散歩中に私たちの姿を目撃し、その勇敢さ、あるいは愚かさ（どちらに受け止められるにせよ）に驚いて、首を左右に振る人もいます。

それから、スマートフォンやカメラを手にした観光客たち。なんてクレイジーなんだと、ものめずらしげに写真を撮り、私たちが水に入るところを見ています。「寒くないんですか?」と必ず聞かれるこの質問に対して、私たちは毎回さまざまな回答を繰り出して楽しんでいます。「いいえ。市のサービスで、このエリアだけ海水をあたためてくれているんです」そう答えてちょっと笑い、更衣室の建物へと姿を消すのでした。

冷水健康法の歴史　Historical roots

冷水を使った健康法は、世界各地で長い歴史があります。たとえば古代ローマには、「フリギダリウム（frigidarium）」という冷浴室があり、温浴室「テピダリウム（tepidarium）」や、より高温の熱浴室「カルダリウム（caldarium）」に入ったあとで身体を冷やす場所として使われていました。

アイススイミングは、ロシア、中国、バルト三国、スウェーデンを含む北欧の一部地域で行われています。北アメリカの一部でも人気が高まっていますが、北アメリカではただ軽く水に浸かるのではなく、ある程度の距離を泳ぐことが重視されています。イギリスでは、冷たい水での水泳や、自然の中での水泳が女性を中心に人気を集めており、関連書籍やウェブサイトがいくつも出ています。スポーツセラピーの分野では、筋肉痛を和らげる効果があるとして「アイスバス」〔バスタブなどに氷水または冷水を用意し身体を浸からせる療法〕が長く実践されています。

アイススイミングについて解説した本『冷たいエクスタシー（Hyinen Hurmio）』によると、1600年代と1700年代の外国人旅行記に、フィンランドのアイススイミングに関する記述が登場するそうです。『冷たいエクスタシー』はタイナ・キンヌネン、パシ・ヘイクラ、ピルッコ・フットゥネンの共著で2000年に出版され、生化学者で現在は大学で熱生物学を教えているフットゥネンの研究は、フィンランドのメディアでよく紹介されています。

この本によると、アイススイミングはもともと、サウナのあとに身体を冷やす方法のひとつでした。もうひとつの冷却法は雪の中で転がることです（この習慣はいまもあります）。『冷たいエクスタシー』は、フィンランドのアイススイミングの歴史や、生理学的な影響、およびその他の影響について解説されている貴重な本です。

そこには、次のような記述がありました。

「アイススイミングのさまざまな効能が研究によって明らかになっている。まず多くの人の場合、冷たさによってストレスが緩和される。冷水に継続的に身体をさらすことで、寒冷に対する耐性が自然と鍛えられる。身体が寒さに強くなると、免疫力も高まる。アイススイミングは人体の免疫システムと抗酸化システムの両方に影響を与え、外的ストレスへの耐性を強くする効果がある。水泳を継続して行うと、血圧を下げる効果が期待できる。リウマチなどの治療にアイススイミングを用いた場合の有効性や、そのほかの寒冷療法の効果も研究されており、結果は喜ばしい内容である。フィンランドでは、痛みの緩和や関節炎の治療に寒冷療法が使われている。海外の研究では、ぜんそく患者の呼吸改善にも非常に有効であることがわかっている」

冷たい水がなぜ身体にいい？ Cold power

「アイススイミングをはじめてこんな良いことがあった！」というエピソードはたくさん耳にしてきましたが、気になるのは、それらを裏付ける研究はあるのかということ。

アイススイミングがすばらしい効能をもたらす理由を調べていくと、寒冷効果研究の権威、ハンヌ・リンタマキにたどり着きました。彼は、北極気候が人体に与える影響について、40年にもわたり研究しています。

冷たい水に身体を浸すメリットを示す客観的データはあるのか、電話でリンタマキに尋ねました。

「冬の海の平均水温は4度くらいですが、その中に約30秒から1分間浸かると、ホルモン・ストームと呼ばれる現象が起きるのです。これにより、いわゆる〝幸せホルモン〟が多く分泌されます」とリンタマキ。

彼によると幸せホルモンには、「身体の天然鎮痛剤」と呼ばれるエンドルフィンや、セロトニン（感情のバランスを保つ働きがあります）、ドーパミン（脳の報酬・快感の中枢を制御する神経伝達物質で、運動や情緒反応を調節します）、オキシトシン（別名、愛情ホルモン）が含まれるのだそう。

これは私が実感した効果を簡潔に説明していました。

「それから、血液の循環が良くなり、カロリーが燃焼されて、免疫システムが向上します。1回のアイススイミングがだいたい、わずか1分ほどであることを考えると、非常に高い効果だといえるでしょう」リンタマキはさらに補足します。「心拍数が上がり、エンドルフィンがどっと出る。そしてその後、おだやかな気分になります」

話を聞いていく中で、リンタマキは1990年代後半に、『冷たいエクスタシー』の共著者のピルッコ・フットゥネン教授とともに、アイススイマーに関する実験を行っていたことがわかりました。

直接詳しい話を聞きたくなった私は、オウル北部の街へと向かいました。リンタマキはそこで、フィンランド労働衛生研究所とオウル大学の両方に籍を置き、研究を行っています。

北極圏の真下に位置するオウルは、首都ヘルシンキから600キロメートルほど離れたところにあり、都会のような目まぐるしさはなく、どこかゆったりとした雰囲気が漂っています。

このフィンランド第4の都市オウルは、冷たい水の力に心奪われた私にとって、まさに来るべき場所でした。オウル大学の研究者たちは、極寒の気候で健康的に生活するための北極圏のノウハウを、日々追究しているのです。

もうひとつオウルのすばらしい点として、自転車道がよく整備され、世界でも指折りのウィンターサイクリング都市であることが挙げられます。また年に一度、「ポーラーベア・ピッチ」というイベントを開催しており、世界中から参加者がやって来ます。これは、起業家たちが、バルト海の氷をくり抜いた穴の中に腰まで浸かりながら、投資家に向けてプレゼンテーションを行うイベント。資金を調達しようと、事業アイディアをアピールする起業家たちの語りは、凍える寒さのため必然的に、短く簡潔になります。

モダンな低層建築のロビーで、リンタマキに会いました。ここに彼のオフィスと研究室が入っています。優しい笑みと気さくな雰囲気が印象的な彼は、あとでわかったのですが、オウル市民の多くがそうであるように、1年中自転車に乗るサイクリング愛好家だそうです。

リンタマキは、測定機器がずらりと並ぶ研究室を見せてくれました。極端な気象条件での安全な衣服や装備をテストできる風洞〔人口的に風を発生させる実験装置〕、実験用の小さな冷水プール。リンタマキのチームはこのプールを使い、冷水浴《コールド・ディップ》が人体に与える生理的影響を測定したのだそうです。

しかしその実験で、被験者から重要なフィードバックを受けたといいます。それは、実験室の環境に問題があるという指摘でした。

「つまりアイススイミングは自然とのつながりが重要であって、単に水に浸かるだけの行為ではないのです。日常的に自然に接する機会が少ない都会人にとっては特にそう。考えてもみてください、中には車で会社へ行き、人工的な光の下で働き、1日の大半をコンピュータの前で過ごしている人もいるわけです」と、リンタマキはいいます。
「海に向かって歩く時間も、経験の一部なんです。肌に空気を感じ、海を見、あたりの景色を見る。気づけば自然の中にいる。都会で生活しているとなかなか得ることのできない刺激を受け取ります。本来、私たちの感覚システムは自然環境を前提につくられていますから、地球とのつながりを持たずに、ある種のバーチャルリアリティの中で生活することは、人間にとってあまり良いことではないのです」

この指摘には身に覚えがあります。思えば私は何年ものあいだ、自然とのつながりを忘れて生活していました。でもそれは環境のせいではなかった。私のいたカナダは、ゆたかな自然に恵まれた国です。しかし都心に住んでいた私は、日々の生活に自然を取り入れることの大切さに気づいていませんでした。

両親は私が子どもの頃、メトロバンクーバーの森に何度も連れて行ってくれました。10代の頃は高校の野外学習プログラムにも参加しました。しかし大人の都会生活の中では、森林や湖、砂浜などの自然は、ドライブに出かけた時に最後にちょっと立ち寄るだけの場所と化してしまいました。

リンタマキが強調するもうひとつのポイントは、アイススイミングは〝セルフケア〟だという点です。私の水泳仲間もよく同じようなことをいいます。それは自分が主導権を握る行為であり、難しいことに挑戦する時特有の「ハイな気分」を味わえるもの。つまりは、「シス」トレーニングです。

本や雑誌が昔の私に新しい世界を見せてくれたのと同じように、アイススイミングは私に、まったく新しい思考回路をもたらしてくれました。

「もしこれができたら、あとほかに何ができるかしら」

うつ病に対する冷水治療《コールドウォーター・キュア》については、専門家からも一般の人々からも効果が述べられています。

バージニア・コモンウェルス大学医学部の研究者で分子生物学者のニコライ・シェブチュク教授の２００８年の研究論文では、次の（A）、（B）２つの要因が重なるとうつ病が引き起こされるという仮説を検証しています。

（A）：生理的ストレッサーを欠く生活をしている場合。生理的ストレッサーとは、人類が何百万年も昔、霊長類時代から経験してきた体温の急激な変化のこと（たとえばアイススイミングはこれにあたる)。こうした体温調節運動が不足すると、脳の機能が適切に働かなくなる可能性がある。

(B):ほかの人よりもストレスの影響を強く受けやすい遺伝的性質。

(B)の遺伝的要因論にも同感ですが、思わず膝を打ったのは、ひとつめの記述。「生理的ストレッサー」が身体に良い影響をもたらすとは、知りませんでした。シェブチュクの研究実験では、一定時間、冷たいシャワーを浴びるということを行っていました。これは、「凍った海で泳ぐのはちょっと……」という人や、水泳が苦手な人にとってはすばらしい方法です。

シェブチュクの論文要旨にはこう書かれていました。

「寒さへ身体をさらすことにより、交感神経系が活性化され、βエンドルフィンとノルアドレナリンの血中濃度が上昇し、脳内のノルアドレナリン放出が増える。さらに、皮膚は冷受容体《コールドレセプター》の密度が高く、冷たいシャワーによって末梢神経終末から大量の電気信号が脳に送られるため、抗うつ効果をもたらすことが期待される」

シェブチュクは、さらなる研究が必要だと論文を締めくくっていましたが、冷水による水治療法が抑うつ症状緩和に役立つ可能性があることが実験で示されたのは、興味深いことでした。つまり冷たい水は、ポジティブな意味での「生理的ストレッサー」になるのです。それを知った私は、自然界の冷たい水にアクセスできない時には、15秒から30秒の冷たいシャワーを浴びてみることにしました。すると、海で泳ぐ時と完全に同じとまではいかないものの、ある程度の効果を感じることはできました。冷たいシャワーから出ると、全身がうずき、元気を取り戻した感覚になります。やがて震えがおさまり、おだやかな感覚が訪れます。ストレスでなかなか寝付けない時などは特に、この方法が役に立ちます。

「シス」のエキスパート、エミリア・ラハティは、精神力を鍛えるために冷たいシャワーを使っているといいます。

「もともと、冷たい水は大の苦手なんです。でも、私には『シス』という名の、自分の限界に挑戦するシステムが生まれつき備わっているはずだから。『難しそう』と思った時には、チャレンジすることにしているんです」とラハティ。

「シャワーを浴びると、冷たい刺激によってサバイバル・システムが起動し、呼吸が深くなり、『早くここから逃げなくては！』となります。でも、5日目には慣れて、冷たいシャワーで髪を洗えるまでになりました。人って環境に適応して限界を超えられるものなんですね。だから私は、『シス』の根底をなすものとして、身体活動が重要だと考えるんです」

冷水を使ったうつ病治療について、友人のリーッカ・トイヴァネンとも意見を交わしました。

彼女は私を最初にアイススイミングに連れて行ってくれた女性で、偶然にも心理療法士の仕事に就いています。

リーッカは、アイススイミングのうつ病に対する効果について、心理療法士の立場からさらなる研究に興味があると語ります。

「人が抑うつ状態にある時、アクションを起こすことがやはりひとつのハードルだと思う。その状況でまず大事なのは『シス』。でも行動にさえ移せれば、アイススイミングはいまのところ、ダイレクトで即効性のある手段だと思う。ほかに同じような方法は思いつかない。水から上がった時にすばらしい気分になり元気が沸いてきたら、その人にとってすごく大きな経験になるでしょうね。『わお、良い気分、人生って悪くないな!』って」

冷たい水は自然なショック療法みたいなものではないか、と長年私が思っていたことをリーッカに話しました。

するとリーッカは、(リンタマキと同じように)こう説明を加えました。「電気ショックと比べると、冷水ショックのほうがずっと健康に良くて、副作用が少ないわね」

海外では低温療法がブームとなり、かなりの金額を支払って1〜2度を下回る冷気窒素カプセルに入る人もいます。人々が低温療法に期待する効果とほぼ同じものを、私はここ北の極地で趣味の水泳から得ているとは、なかなかすごいことかもしれません。

アイススイミングを使った治療　そのほかの例　Winter swimming to treat other conditions

アイススイミングを何かの治療に使っている人がほかにもいないかと探していたら、パイヴィ・パルヴィマキという才能あふれる女性に出会いました。インストラクターとしてアイススイミングを教えている彼女は、海への愛と情熱に満ちていて、まさに〝水の大使《アンバサダー》〟。「アヴァント（アイススイミング）の喜びと幸せを、多くの人と分かちたい」との思いでインストラクターをしているのだといいます。

私たちは、ヘルシンキの中央港に浮かぶ屋外複合プール、「アッラス・シープール（Allas Sea Pool）」で落ち合いました。ここからは、ネオクラシカル様式から機能主義建築までさまざまな歴史的建造物が立ち並ぶウォーターフロントの景色を一望できます。また、この施設は、コミュニティ精神を体現したすばらしい例でもあります。温水プール、冷たい海のプール、サウナに加えて屋外ジムが併設されていて、設立資金の一部はクラウドファンディング〔インターネット経由で人々から資金を募る仕組み〕によって集められました。

かつては大学の美術講師をしていたパルヴィマキですが、「水泳に心を奪われて」、およそ6年前、水泳をフルタイムのキャリアにしました。

パルヴィマキはフィンランドの遠泳選手、トゥオマス・カーリオとパートナーシップを結んでいます。カーリオはフィンランド湾で遠泳経験があるほか、イギリス海峡とジブラルタル海峡の2つを遠泳で制覇した最初のフィンランド人です。パルヴィマキとカーリオの2人は、2015年にフィンランドで初のオープンウォーター・スイミング〔海、川、湖など自然の中で行われる水泳〕協会を設立しました。

極北の海で行う冷水浴《コールド・ディップ》について、パルヴィマキには個人的な思い入れもあります。彼女は、二度の椎間板手術から回復する際、アイススイミングを使ったのです。

「5年のあいだに2回も手術を受けたの。ここ、同じ場所を痛めてしまって」と、腰のあたりを指しながらいいました。「そして手術後、冷たい水が回復を助けてくれることに気づいた。椎間板まわりや筋肉の炎症が和らいで、それに術後は少し気持ちが落ち込んでいたけど、冷たい海に入ったおかげで、スムーズにもとの生活に戻ることができたの」

私は椎間板ヘルニアの背中の手術がいかに身体を消耗させるか、友人や家族の例からよく知っていたので、手術後のアイススイミングにリスクはないのか、尋ねました。

「私も最初は、どんな動きをするにも慎重だった。でも、思い切ってまた泳ごうと思って。単にちょっと海に浸かるのではなくて。そしたら、まったく痛みはなかった。泳ぐことで、より強くなれると信じているの」

パルヴィマキは、多くのフィンランド人と同じように、子ども時代に、家族と過ごした夏のコテージで泳ぎを覚えたといいます。この国では本当に、水泳は国民的レジャーなのです。それを裏付けるデータもあります。フィンランド水泳教育・ライフセービング連盟による最近の調査では、12歳児の72パーセントもが、泳ぐことができるのです。

アイススイミング人口はどれくらいなのか、パルヴィマキに尋ねました。
「人気は高まっていて、多くのスイミング・クラブは定員いっぱい。どこも待機リストができている状況よ。アウトドア協会の2010年の調査結果によると、よくアイススイミングをするという人は15万人、時々やるという人は50万人だったそうね」

どのように泳ぎを教えているのか知りたい、と私がいうと、パルヴィマキは、まだ春になりたての5月のある日、水温10度にきりりと冷えた海のプールで、デモンストレーションを行ってくれました。
「私の役割は、参加者の不安を取り除き、安心して泳げる雰囲気をつくること。はじめて水に入る人は、最初、すがるように私の目を見ることがあるのだけど、私はその前に、寒さのショックで過呼吸にならないように、呼吸法を示して見せる。それから、こう声をかける。リラッ

クスして、身体の声に耳を傾けてみて、と。いつでも好きなタイミングで水から上がるように
も案内します。最初は、ほんの一瞬しか水中にいられないかもしれない。でも、それでいい。
それで十分なのです」

パルヴィマキはまた、レイノー病〔冷水に浸かった時などに手のしびれや蒼白などの症状をきたす病気〕など、水泳参加を避けるべき疾患についても説明し、寒さに敏感な手足を守るためにネオプレン素材のソックスや手袋が良いことも参加者に伝えます。

「帽子をかぶり、あたたかいお茶やジュース、水を飲むようにアドバイスしています。というのも、温度変化が身体に大きな負担をかけることがあり、寒さの中にいると、脱水状態を自覚できなくなるから。また、夏には湖や海で泳ぎ、秋にも継続して泳ぐことをお勧めする。そうすることで、徐々に身体が順応していくのよ」とパルヴィマキ。

そしてデモンストレーションを終えると、正真正銘のフィンランド・スタイルで私を誘いました。

「さて、サウナに行きましょうか」

アイススイミングの効果　The benefits of winter swimming

平均水温約4度の冬の海に30秒から1分間ほど浸かると、ホルモン・ストーム現象が起こり、〝幸せホルモン〟が多く分泌される。

ハンヌ・リンタマキ

幸せホルモンには、「身体の天然鎮痛剤」と呼ばれるエンドルフィンや、セロトニン（感情のバランスを保つ働きがあります）、ドーパミン（脳の報酬・快感の中枢を制御する神経伝達物質で、運動や情緒反応を調節します）、オキシトシン（別名、愛情ホルモン）が含まれます。

- ストレスが緩和されます。
- 繰り返し冷水に身体をさらすことで、寒さ・冷たさへの耐性がアップします。
- 免疫力が向上します。
- 痛みが和らぎます。
- 疲労回復に効く、天然のエナジードリンクです。

自宅でできるアイススイミング——冷水シャワーの浴び方

You can recreate some of the conditions of winter swimming at home:

- 冷たいシャワーを浴びると、冷たい海水に浸る効果の一部を得ることができます。
- 最初は数秒からはじめ、毎日少しずつ時間を長くします。
- わずか30秒から1分の冷たいシャワーでも、エネルギーがみなぎってくるはずです。
- 大切なのは、ゆるやかに、節度を持って行うこと。いきなり5分間もやろうとしたら、すぐに続かなくなってしまいます。
- 冷たいシャワーのあとには、あたたかいシャワーを浴びましょう。

CHAPTER 4

サウナの極意

健康と幸せをもたらす魔法のスチーム

Soul of the sauna: sweat your way to better health

女性が最も美しいのはサウナを出たあと――そんなフィンランドのことわざがあります。サウナで心地良いセッションをしたあとの赤く健康的に染まった頬の輝きは、たしかに女性を魅惑的にするに違いありません。しかし私は、より深くこの言葉の意味を知りたくなりました。つまり、サウナの蒸気でデトックスしリラックスしたあとに訪れる、心の平穏とこの上ない幸福感について――思いをはせはじめたのです。

いま私は、我がアイススイミングの師匠、パイヴィ・パルヴィマキへのインタビューを終えて、2人で「アッラス・シープール」の女性用サウナに腰掛けています。

サウナ室の窓からはヘルシンキの玄関口となる港を一望でき、ストックホルムやタリンとフィンランドの首都を結ぶ大きなクルーズ船がドックに入ってくるのが見えます。スオメリンナの要塞島付近を行き来する小ぶりなフェリーが、私たちの目の前を通り過ぎていきます。

おしゃべりをしながら、私はバケツから水をくみ「ロウリュ」をしました。ロウリュとは、サウナストーブの石の上に水をかけて、熱いスチームを発生させること。パルヴィマキと私は、取材のあと泳いで、いま、こうしてサウナの中で、オープンウォーター・スイミングや自然、サウナについて語り合っている。もちろん裸です。このシチュエーションに私は少し感動してしまいます。

私たちは今日会ったばかりの仲にもかかわらず洋服を着ていませんが、そこに気まずさはありません。

子どもの頃は、サウナというものが苦手で、何かと言い訳をしては、避けようとしていました。特に10代の頃は、フィンランドに行った際に、親戚や友だちと裸で蒸し暑い部屋に座らされるのがどうしても落ち着かなかった。人前で裸になるなんて恥ずかしかったですし、ましてや公共の場で裸になるなど、受け入れがたいことでした。

しかしフィンランドで何年も暮らすにつれて、徐々に、私は生まれたままの姿で心からくつろげるようになりました。サウナというのは、生活の本質的部分であり社会とのつながり。サウナに入らないことは、ディナーパーティーへの誘いをすべて断り、誰とも食事をともにしないのと同然です。

何年も前、当時のボーイフレンド――のちに夫となるのですが――と夏至の週末にプンカハルユのコテージに行ったことを思い出します。プンカハルユはマツの木が生い茂るエスカー〔氷河が削り出した砂などが堆積した細長い峰状の地形〕で、大きな湖に囲まれ、東フィンランドの自然がありのままの姿で残っている場所です。

夏至の前日には、伝統的なかがり火を焚いたり、盛大に飲んだりして、太陽が沈まない日を祝います。加えて、集まった20人ほどの友人たちの恒例行事として、スモークサウナに入ります――裸で。

通常であれば、サウナには男女が別々に入るか、混浴ならば水着を着用します。私は当然、タオルで身体を隠すか、水着を着て入るのだろうと思っていました。ところが、まわりはみな、素っ裸。タオルや水着をつけたら、そのほうがよほど目立ってしまう。

北欧での暮らしにおいてしばしばそうであるように、ここで大事なのは、集団であって、個人ではありません。「私」ではなく、「私たち」。伝統的なスモークサウナに一緒に入る、それがここでの集団の意志です。誰ひとりとして、他人の裸を気にする人はいません。私が、自分の胸は小さすぎるのではないかなどとあれこれ心配しようと、それは問題ではない。そして実際に裸で入ってみたところ、びっくりするほど開放的で、私の「シス」を磨くことにもつながったのです。抵抗を感じていた異国の文化に対して、挑戦する勇気を持つことができたのですから。はじめての人が、裸を心地良く感じられるようになるまでには、「サウナ・シス」なるものが必要かもしれません。

受け継がれてきた伝統 An ancient tradition

「サウナ」は、英語の辞書に載っている数少ないフィンランド語であり、中でも最もよく知られた言葉です。

フィンランドサウナ協会によると、サウナの伝統は2000年にわたり、脈々と受け継がれてきました。

世界を見渡せば、ロシアのバーニャ、日本の風呂、北アメリカの先住民のスウェットロッジなど、さまざまなスチームバスの形があります。

フィンランドのサウナに関していえば、一部文献によれば、いまから1万年前にはスモークサウナの原型があったと伝えられています。スモークサウナとは、煙突のないサウナで、何時間もかけて加熱した後、煙が外に排出され、ようやく中に入って楽しめるようになります。

その昔、サウナはとても大切なものだと考えられており、家を建てる前にサウナを建てることも珍しくありませんでした。かつて、出産の際に最も清潔な場所だと考えられていたサウナは、亡くなった人を送り出す場所でもありました。

伝統的な薪ストーブ式サウナは、コテージのサウナや、スチームの良さを追求したサウナにしばしば見られ、ヘルシンキのラウッタサーリ島にあるフィンランドサウナ協会の会員限定サウナも薪式です。電気式サウナは、一般家屋やマンション、プールやスポーツジムなどにおいてよく使われています。

多くのサウナファンが愛してやまない習慣のひとつに、〝サウナ・ウィスク（サウナ・ヴィヒタ）〟があります。ウィスクとは、水で湿らせた白樺の枝葉の束のことで、それで自分やほかの人の身体を優しく叩くのです。変ですか？　そんなことありません。こう考えてみてください。軽くまたは激しく叩く、フィンランド流マッサージの一種なのだと。サウナ・ウィスクをやると、気分が良くなるばかりか、自然の白樺の香りが部屋いっぱいに広がります。筋肉の緊張がほぐれ、血行の改善にもつながると考えられています。

そして何より重要なのは、サウナは心と身体を浄化するための場所だということ。

古くに定められた〝サウナ・エチケット〟の中には、とても厳格なものもあります。たとえば、教会と同じように行動せよ、大きな声で話してはいけない、人を罵ってはいけない、政治の話はタブー、など。ただ私の経験では、現代のサウナにおいては、人々はありとあらゆるトピックについてしゃべっています。

人口550万人に対して、推定330万のサウナがあるフィンランドは、まさにサウナの達

人たちの国。

後日、パイヴィ・パルヴィマキにテキストメッセージで尋ねました。「あなたにとって、フィンランドのサウナとは?」

「伝統を受け継ぐ場所であり、ほとんど神聖な場所。私は、サウナで女性が出産し、サウナで埋葬前の故人を清めていた時代の人たちに共感するの」

そして、ひとりになるための場所でもある、とパルヴィマキは続けました。「私はサウナにひとりで行くのが好き。その時間は瞑想みたいなものだから、誰とも話さない。横になってロウリュを浴びながら、自分のリズムを感じ、身体の声に耳を傾けるのよ」

健康上のメリット　Health benefits

パルヴィマキはまた、これまで多くの人々が私に語ったのと同じ感覚を共有していました。

「特に冬、サウナは太陽みたいな存在。身体の奥のライトに火をともし、寒くて暗い冬を過ごす私たちをあたためてくれるの」

どんな天候の日でも、70度から100度のサウナで熱いスチームを浴びると、身体があたたまり、幸せな気持ちになれるのです。

パルヴィマキは健康上の理由からもサウナに入っているといいます。

「私はストレスですぐ背中が凝る体質なの。その点サウナは、筋肉も、思考もほぐしてくれるから。緊張が和らぎ、血圧も下げてくれる。私の家系は高血圧のリスクがあるから、この効果はありがたいわね。私自身は一度も血圧の薬を飲んだことはないけれど、それはサウナのおかげかもしれない」

偉大なるフィンランドサウナ協会によれば、サウナには次のような効能があります。

・筋肉疲労を沈静化しリラックス効果をもたらす
・心身の緊張と疲労を緩和する
・血行を改善する
・血圧を下げる
・質の良い眠りをもたらす
・病気への抵抗力が上がる
・毒素や不純物を排出し、美しく健康的な肌をつくる

フィンランドサウナ協会が引用しているフィンランドとドイツの研究によれば、習慣的にサウナに入ることで、風邪やインフルエンザにかかるリスクを30パーセント減らせるのだといい

ます。

また、東フィンランド大学の公衆衛生・臨床栄養学研究所とイギリスのブリストル大学医学部による中年フィンランド人男性に関する2016年の研究では、中~高頻度のサウナ入浴が、認知症およびアルツハイマー病のリスクを低下させることがわかりました。

フィンランドには、サウナ・スチームが身体に良いことを示す多くの格言があります。「サウナも酒もタールも効かないならば、その病気は治らない」というのもそのひとつ。木タール(terva《テルヴァ》)は、胃腸から皮膚まであらゆる疾患の治療に使われ、フォンランドの国樹である白樺から抽出されます。

1939年に『ザ・メイド・シルヤ(The Maid Silja)』でノーベル文学賞を受賞したフィンランドの作家F・E・シッランパーは、長期にわたる執筆作業のあとでサウナに入り、うつ症状の緩和や疲労回復にサウナを使っていたといわれています。

サウナの精神 Sauna spirit

サウナのもうひとつのすばらしい面は、サウナの中では誰もが平等になれるということです。

全員裸なわけですから、いってみれば、むき出しの社交場なのです。フィンランドに数あるパブリックサウナとプライベートサウナでは、必ずしも互いの名前や職業を知らないまま、人々はおしゃべりを楽しんでいます。隣に座っている人がラーダに乗っていようとBMWに乗っていようと、ロレックスを持っていようとタイメックスを持っていようと、関係ないのです。さまざまな社会的地位の人が一緒くたに木のベンチに座っています。

さらに、多くの人がスマートフォンにべったりのいまの時代、サウナは自然にデジタルデトックスができる場所でもあります。携帯電話の持ち込みは禁止されていますし、そもそも、熱いスチームにそぐわないですよね。

私の息子はほかのフィンランド人の子どもたちと同じく、パブリックサウナやスイミングプールに通いながら育ちました。サウナの前にはシャワーを浴びるので、子どもたちはそこで大勢の人の裸を見ます。小さな男の子なら母親に連れられ女性用のシャワールームに入り、さまざまな年代の女性の裸を見ることもあるでしょう。こうして幼い頃から、男女の身体の違いを知り、そしてそれは騒ぎ立てるような問題ではないのだということを知ります。

サウナは子どもたちに、「自分の身体を受け入れる」ということも教えます。なぜならサウナでは、自分の身体を隠したり、恥ずかしがったりする必要はないのです。

あらゆるタイプの身体を見て育つ。そうして、目の前にあるさまざまな身体こそが普通なんだと、学ぶわけです――雑誌やSNSで見かける画像修正済みの〝パーフェクト・ボディ〟ではなく。

多くのフィンランド人は、理想的なサウナと聞くと、静かな湖畔のコテージを連想します。夏になると、田舎に何週間か滞在しリラックスした休暇を過ごすのは、いまも昔も変わらぬフィンランド人の習慣です。しかし同時に、都市型パブリックサウナの文化も全国各地で発達しています。

活動家・プロデューサーのヤーッコ・ブルンベリがはじめたヘルシンキの「サウナデイ」は、フィンランド伝統のスチームバス文化を祝うイベント。2016年の3月に第1回目が開催されると50以上のプライベートサウナとパブリックサウナが門戸を開き、またたく間に人気に火がつきました。創立者のブルンベリは、都市のコミュニティ精神を象徴する人物として、ポスターのイメージキャラクターにもなりました。

ヒップな若者たちが行き交う地区カッリオで、ブルンベリに会いました。30代前半の背の高い青年で、長いブロンドヘアをポニーテールで後ろに結んでいます。

ベジタリアン料理のランチを楽しんだあとで、彼は「サウナデイ」をはじめたのにはいくつかの理由があると教えてくれました。

「僕たちの夏は田舎に行ってみんなで過ごすので、それだけで予定が終わってしまうし、とても短い。それならって考えた時に、なかなか人同士が出会えない3月と10月にイベントをやろうと思ったんです」

もうひとつの理由は、共同体的な視点だといいます。

「サウナでは、社会規範に縛られることなく、誰もが互いに自由に語り合えるでしょう」

中には、1日で18ヶ所のサウナに入った参加者もいたそうです。

「サウナに入るとフィンランド人は人が変わるんですよね」ブルンベリはいいます。「この前スペインの人と話したんですが、フィンランド人と話をしたかったら服を脱ぎ捨てて隣に座ることが一番だといっていました」

たしかにフィンランド人には、「無口でもの静かで、ことによると世界で最も笑わず、最もしゃべらない国民」という文化的ステレオタイプがあります。私が知るほかの北欧地域の人々の寡黙さや、内向性とも通じるものがあります。

あなたにとってサウナとは、と尋ねました。

「人々が出会い、交わる場所であり、リラックスするための場所。そしてまた、伝統でもあります。ほかのフィンランド人もそうだと思うけど、僕が子どもの頃は、毎週土曜日に家族でサウナに入るのが習慣でした」

「サウナでは大事な事柄についても話します。ある時、友だちにばったり会って話したら、僕が恋人と別れてからしばらく時間が経っていることが話題になりました。そしたら友だちが、『なんでいってくれなかったんだ?』といって。僕は考えてみて、こう答えました。『話すタイミングがなかった。だって、しばらく一緒にサウナに入ってなかったから!』」

「サウナデイ」のような新しいイベントのほかにも、ヘルシンキではパブリックサウナが盛り上がりを見せています。ヘルシンキにはもともとパブリックサウナの長い歴史があり、「アルラ(Arla)」や「コティハルユン・サウナ(Kotiharjun Sauna)」など、1920年代から営業している伝統的サウナがあります。そういった場所では、サウナのあと外に座って外気浴をしたり、ビールを飲みながらサウナ仲間とおしゃべりをしたりする時間も魅力のひとつ。

ここ数年は、さらに新しいサウナがいくつか誕生していて、「アッラス・シープール」と「ロウリュ(Löyly)」もその例です。ヘルシンキ南部の落ち着いた海岸エリアに建つ「ロウリュ」は、木造建築の傑作で、建築の賞にも輝いています。大きな岩のようなシャープな外観は、遠くからでも目を引きます。「ロウリュ」には、伝統的なスモークサウナと2つの薪式サウナに加え、1年中いつでも海で泳げるように、海にはしごがついています。ですからアイススイミングの初心者は、ここからバルト海に飛び込んで、氷のように冷たい「シス」を試してみるのも手です。

最も活気があり、最もお手頃なヘルシンキ市内のサウナといえば、「ソムパサウナ(Sompasauna)」でしょう。なにしろ、ここは無料です。セルフサービス方式の簡素な薪式サウナで、みんなが薪と水を持ち寄ることによって運営されています。ヘルシンキの閑散とした海岸部にぽつんと建っていて、どことなくホームパーティのような雰囲気。これは北欧の「DIYシス」とコミュニティ精神が合わさった象徴的存在でしょう。支配人も管理人もいない。ただシンプルに、互いへの信頼とこの空間へのリスペクトが、このサウナを成り立たせているのです。

〰

アイススイミングをはじめてから、夕方から夜にかけての時間をサウナで過ごすことが増えました。そのうち私は、これは昔の人々の「焚き火」の現代版なのではないかと考えるようになりました。木のベンチに座って、熱したストーブのまわりに集まり、さまざまなストーリーを語ったり、あるテーマについて話したり。

世の中のことや仕事のこと、パートナーのことについてサウナで語らっている時、私たちは精神的な意味でも、〝スチームを発散〟しているのです。

つい健康面のメリットにばかり目を奪われがちですが、サウナの持つソーシャルな役割について、もう少し深掘りしてみましょう。

10年以上のフィンランド生活を経たいま、私はほとんどネイティブ並みにフィンランド語を使うことができます。カナダで幼少期のしつけを受けたおかげで、普通のフィンランド人よりも笑い上戸で、見知らぬ人によく話しかけるという違いはありますが、私がフィンランド語を話していると、フィンランド人だと勘違いされることもあります（たしかにフィンランドのパスポートを持っていますが）。

頭の中で何か考える時の言語は、フィンランド語ではなく英語です。仕事も大半は英語。しかし私は、新聞を読むなどして何年もかけて、当初は入門レベルだったフィンランド語の会話と作文のスキルを磨いてきました。

でも現実は、私は外からやって来た人間で、文化的、歴史的文献のすべてを知り尽くしているわけではありません。ですからそれはそういうものとして、私は自分以外の外国人が、フィンランド流のリフレッシュ法、サウナをどう感じているのかということに関心を持ちはじめたのです。

そこでまず、アイススイミング仲間のダグラスに会う約束を取り付けました。客員教授としてギリシャ古典を研究している彼は、以前にアイススイミングのことを、「フィンランド社会への冷たい入国儀式」とたとえていた。どういう意味なのか聞いてみようと思いました。

そしてある朝、近所のカフェでコーヒーを飲みながらダグラスと話しました。すると彼のサウナについての洞察が、私がこれまで考えてもみなかった視点をもたらしてくれたのです。

「フィンランドは入っていくのが難しい社会だ」とダグラスはいいます。たしかにそうです。フィンランド人の多くは英語を話せますが、こちらがフィンランド語を話さない限り、この国で起こっていることをそのまま国の一員として経験することはできません。

「その点、サウナはすばらしいソーシャル・ツールだよ」とダグラスは続けます。「服を脱ぐと、この国の人々は変わる。私はアイススイミング・クラブに入って地元の文化に参加し、その一員になることができた。新しくフィンランドにやって来た人が、どうやって人と知り合ったらいいでしょう。私はこの趣味を通して15人か20人くらいと知り合いになれた。サウナは、社会の多様性に出会うことができる実に面白い場所だ」

一時的に訪れるだけなら、フィンランド語を学ぶ必要はほとんどないという意見は理解できます。習得が難しい言語だとの評判も高いフィンランド語は、フィン・ウゴル語派に属し、ハンガリー語やエストニア語と一番近い関係にあります。数多くの文法事項があり、「a」や「the」のような冠詞はありません。また、完全にジェンダーレスな言語で、英語の「he」や「she」にあたるものは存在せず、「hän《ハン》」を使って男女とも等しく表します。また、音声と文字が完全に対応している言語です。

しかし実際には、カナダ人、アメリカ人、イタリア人、イギリス人、ロシア人、トリニダード人、インド人と、フィンランド語を習得したフィンランド在住の外国人たちを何人も知っていますから、決して習得不可能な言語ではありません。

ダグラスは、アイススイミングについても、とても新鮮な見方を示してくれました。

「私の考えは少数派だと思うけれど。世間では健康上の効果に注目が集まっている。どれくらいの時間水に入るのが良いかとか。それについては30秒が良いという見解に落ち着いているようだが。で、私からしてみれば、こういった話はフィンランド人が自分に向かっていい聞かせている話なんだ。自分たちの娯楽を正当化するためにね」

「さて、どう思う?」といい、ダグラスは続けました。「自分が気持ち良いなら、そんなことどうだっていいじゃないか。アイススイミングは私の人生の幸福度をぐっと上げてくれたよ。もしこれがなかったら、いまごろは孤独だったと思う。私はフィンランド社会における非常に重要なものの一部になれた。ソーシャルな交流、心の触れあい、おしゃべり、そして厳しい物事に恐れず挑戦するということ。水中にいる時、ああ、私はここにいるんだと実感する。全部忘れて頭を空っぽにできる。それって、今日ではなかなか味わえない感覚だよ」

ダグラスはまた、もうひとつのポジティブな側面を指摘しました。

「どれくらい長く水中にいたかで誰も競ったり、優劣を決めたりはしない。ただ参加すること自体に意味があるんだ。ちょっと浸かるだけの人もいれば、泳ぐ人もいる」

「それに、すごくミニマリスト的だ。水着をまとって水の中に飛び込む。ただそれだけ、なのだから」

サウナの正しい入り方　Sauna guidelines

- サウナに入る前にシャワーで身体を流します。
- サウナにどれくらいの時間座っていなければいけないという決まりはありません。あなたの心地良いところで切り上げてください。
- ほんの数分でも、サウナの熱いスチームはあなたに魔法をかけてくれることでしょう。
- サウナの1番の目的は、心と身体をリラックスさせることです。
- 脱水症状に注意し、こまめに水分補給をしましょう。
- ロウリュ（サウナストーブの熱した石にひしゃくで水をかけること）をする時は、まわりの人への配慮を。水をかけても大丈夫かどうか、周囲に尋ねてから行います。
- 湖や海での冷水浴《コールド・ディップ》とサウナを組み合わせる場合、2つの流派があります。ひとつは、先に冷水に入り、それからサウナであたたまるというもの。先にあたたまって気持ち良くなりすぎると、冷たい水に入るのがとても難しくなるから、というのがその理由です。もうひとつのやり方は、サウナで身体をあたためてから水に入るというもの。お好きなやり方でどうぞ。
- 裸に抵抗があるなら、タオルを巻いて入ることも。あるいはこれを機に、自分の身体や裸を受け入れることに挑戦し、「サウナ・シス」と「自己受容力」を磨いてみるのもお勧めです。

CHAPTER 5

ネイチャー・セラピー

森林浴に秘められた力

Nature therapy: the benefits of a walk in the woods

フィンランドの最北部には、いくつかのスキーリゾートを除けば、ほとんど手つかずの自然が広がっています。その一帯からスウェーデン北部、ノルウェー北部、ロシア北部のコラ半島へとまたがる北極圏上の地域は「ラップランド」と呼ばれています。

フィンランドのラップランドはしばしば、ヨーロッパに残された最後の大自然のひとつとも称され、その面積は、フィンランド国土の3分の1にあたる約10万平方キロメートルにもなります。地球上で最も澄んだ空気と、圧倒的な大自然。ここは1万人弱のサーミ人〔先住民族〕が暮らす場所でもあります。人口密度は低く、ここに暮らす人の数は、550万人のフィンランド人口のわずか4パーセントに満たないほど。

多くの人にとってラップランドとは、次のようなイメージでしょう。サンタクロース——フィンランドはサンタクロースの〝オフィシャルな〟家はここにあると主張しています——純白の雪、スキー、犬ぞり、あたたかみのある丸太小屋、燃えさかる炎、歩きまわるトナカイ。

私のはじめてのラップランド体験は、世界の旅行者を魅了する冬のアクティビティがぎっしりと詰め込まれ、これぞラップランド旅行と感じられるものでした。

2000年代半ばの11月。私はマスコミ向けの取材ツアーに参加し、ヘルシンキから飛行機で1時間、フィンランド北部の人気リゾート地ルカに降り立ちました。地理に詳しい人なら、ルカを擁するクーサモの街が北極圏の真下にあることをご存じでしょう。正式にはルカはラップランドには含まれないのですが、多くの人は、ここもラップランドだと思っています。

現地では、スキーシーズン到来を祝うありとあらゆるアクティビティが用意されていました。スキー、犬ぞり、トナカイとの触れあい、郷土料理そして、酒、酒、酒——。実に週末ともなると、レヴィ、サーリセルカ、ピュハルオストなどあちこちでオープニングイベントが開催され、私も大きな雑誌出版社で働いていた頃に、そこに参加したわけです。

フィンランド暮らしの最初の数年間はよく戸惑ったのですが、私は長時間のアウトドア活動にまったく慣れていませんでした。以前住んでいたトロントも、冬の寒さが厳しく積雪の多い地域でしたが、にもかかわらず私は建物の外で10分以上過ごすための装備もスキルも、まるで持ち合わせていなかったのです。いかにも都会の人間にありがちなこと。ただありがたいことに、この時は友人からスキージャケットとズボンを借りることができました。

しかしこのツアーで印象的だったのは、スキー場への無料アクセス、飲み放題のお酒、飛行機で見かけたフィンランドの有名人たち、といった要素ではありません。

私の心に深く刻まれたのは、現地で得られた「本物の経験」の数々でした。気づくと私は、自然界へと続く道の上に立っていました。

到着した最初の夜、私たちは、月に照らされた夜の森を歩きながら、北極圏ならではの、ゆったりとした時の流れを体験しました。大きなマツの枝や草木に積もった雪がきらきらと輝く中、真っ赤な丸太小屋のレストランまで歩いて向かいます。

レストランに着くと、ブーツの雪を払い分厚いコートを脱ぎました。キャンドルがともされた素朴なしつらえのダイニングルーム。木の長テーブルに案内された私たちは、ラップランド料理の数々に舌鼓を打ちました。栄養たっぷりの家庭的な料理の味わいが、外の新鮮な空気を吸ってきた身体に染みていきます。

濃厚なサーモンスープに、ライ麦パンと「リエスカ（rieska）」と呼ばれるこの地域独特のジャガイモでつくられた薄いパン。デザートには、牛乳チーズの一種、「レイパユースト（leipäjuusto）」にクラウドベリージャムを添えて。食事のあとはふたたび、澄みきった星空の下を歩いて帰りました。完璧な静寂に身を任せ、送迎バスが停まっている道路脇の空き地までぞろぞろと歩きます。唯一聞こえてくるのは、足元の雪の音だけ。


すると空き地に着いた途端、パチパチという低い音がしました。いままで聞いたことのない音です。見ると、地平線の上から空を横切るように、オレンジや赤、黄、緑、青の色がまるで神秘的なダンスのように前後に揺らめきはじめました。

私はすっかり魅了され、その場に立ち尽くしました。自然がこれほどまでに美しい光景を生み出すなんて、信じられない気持ちです。ほんの数分でしたが、テレビや映画のどんなシーンよりも壮大な景色。


そう、これがオーロラ。自然の光が織りなすこの絶景は、旅行者たちの「やることリスト」には必ず入っていることでしょう。

見られたのはとても幸運だったのだと思います。もちろん、世界の多くの北の地域では、澄んだ冬の夜にはオーロラを見るチャンスがありますが、オーロラが出るかどうかは、天候と磁場の条件次第なのです。それらがきれいに揃った時にしか見ることはできません。

オーロラはフィンランド語では「revontulet《レヴォントゥレト》」と表現され、しばしばささやかれるフィンランドの神話によれば、北極のキツネが山を越える際に毛先が山をかすめて、火花が空に飛び散ったのがオーロラだといわれています。

オーロラを見て以来私は、自然に対してより注意深く視線を向けるようになりました。自然への畏敬の念、感謝の気持ちも強くなりました。

しかし、ラップランドの大自然がいかに貴重で尊いものかを本当に理解したのは、それからしばらく経ってからのこと。その後数年のあいだに私は、仕事で北京、上海、バンコクなどの活気ある大都市を訪れ、そこでようやく、開眼したのです（ある意味で、鼻と喉も開かれました）——過密気味なこの騒々しい世界で、きれいな空気がいかに希少か、汚れのない自然と静寂がどれほど得がたいものか。

WHOの2016年の調査によると、フィンランドの大気の質は世界で3番目にすぐれています。同じ年、フィンランド気象研究所は、ラップランドのパッラス・ユッラストゥントゥリ国立公園において、地球上で最もきれいな空気を観測しました。

「ネイチャー・シス」Nature sisu

それから何年も時は流れ、ある年の8月初旬。雑誌の仕事でサマーキャンプ・アクティビティに参加することになった私は、フィンランドアウトドア協会が運営するキーロパー・フェル・センターにいました。

ラップランドの自然に囲まれたフェル・センターは、ソダンキュラから約120キロの位置にあります。ソダンキュラといえば、ミッドナイト・サン映画祭が有名。気取らない雰囲気の映画祭で、偉大な映画監督たちが北の大地まではるばるやって来ます。そして監督も観客も一緒になって映画を見る。夏のあいだは太陽が沈みませんので、映画は1日中上映され続けます。

私のキャンプのあいだも、太陽はさんさんと輝いていました。案内役は、センター長のセッポ・ウスキ。ラップランドの観光業界でキャリアを築いてきた陽気な男性です。彼は毎朝、朝食の時間に颯爽と食堂にやって来ては、「おはようございます！　今日もすばらしい1日のはじまりです！」というのですが、これはおそらく典型的なフィンランド人のあいさつとは違います。

2日目の夕方、私たちはハイキングに出発しました。下は幼児から上は80代まで、およそ50人でキーロパーの丘の上を目指します。2キロのルートは、ところどころ板が敷かれ整備されているので、さほど過酷な道のりではありません。

午後9時をまわった頃、強い日差しの降り注ぐ546メートルの頂上に着きました。ほかの参加者たちとともに、ごつごつとした岩場を探検し、遮るもののない360度の大パノラマを堪能しました。

頂上に立っていると――ありきたりな感想ですが――**文字通り、世界の頂《いただき》にいるかのように感じ、心がすーっとおだやかになりました。**

自然の中でのこのような感覚については、何かで読んだことがありましたが、完全に理解できたのはまさにこの時です。すでに多くの人が同じようなことをいっているのでしょうけれど、私は思いました。

「そう、これ、これがすべて。ほかには何も要らない。ああ、本当に幸せ!」

このような本物の経験を、私は「ネイチャー・シス」と名付けることにしました。肉体的にも精神的にも滋養が満ち、心に安らかな感覚が広がっていく。そして、私のウェルビーイング〔心身の充足感〕全体を押し上げ、「シス」を強くしてくれます。頂上までの道のりはそれほどハードなものではなかったとはいえ、少なくとも私は、部屋で漫然とテレビを見るのではなく、夜の団体小旅行に参加した。みんな、ともに丘を登り、壮大な大自然を目に焼き付けた仲間です。職業や家の大きさ、資産の有無などはここでは関係ありません。

「丘の上に足を踏み入れ完全な静寂を感じ取った時、『ああ、着いたのだ』と知るのです」

そう語ったのは、先導役のセッポ・ウスキ。

キャンプのあいだ、ウスキはしばしば、シンプルながら意味深い言葉を口にしました。そのうち私はいつも持ち歩いているノートに、「ウスキ語録」を書き留めるようになりました。

彼の言葉は真理をついています。今回の体験は、蚊よけのために、長袖・長ズボンを身にまとっているという違いこそあるものの、サウナにいる時の感覚を思い出させました。つまり、すべてが取り払われて、ほかのことが一切気にならない——その感覚こそキャンプの魅力です。

私はまた、丘の上の静寂が心に大きな平穏をもたらしたことに気づきました。そして、日常の中でも「自然の中にいるような心の平穏」を得るにはどうしたらいいのだろうかと、考えはじめました。


夜のサウナの時間に合わせて私たちはフェル・センターに戻りました。さらさらと流れる小川を見下ろす位置、立ち並ぶ丸太小屋の後ろに隠れるように建っているサウナは、なんと「コールド・スパ」という名前がつけられています。2軒の木造コテージと、更衣室の建物、そして、本物のフィンランド式スモークサウナ。サウナからは、夏でも11度ほどにしかならない、さわやかな清流を見渡すことができます。

徐々に暮れていく夜の光の中、何回か冷たい水浴びを楽しんでから、スモークサウナに入り、心安らぐ蒸気の中で静かに瞑想にふけりました。これまで行ったどの5つ星高級スパにも引けを取らない心地良さでした。

思えばウスキは「コールド・スパ」を案内する時、このように呼びかけていました。

「さあ、みなさん、川に入って。そしてもっと幸せになって出てきてください！」

人生を変えるほどのパワーを秘めた冷水浴《コールド・ディップ》について、これまで多くの人々が私に語った言葉とウスキの言葉が重なります。

自然の中でのおだやかな時間は翌日も続きました。翌朝、私たちは、マツの甘い香りに包まれながら、カバノキの生い茂る森のコースを歩きました。足下には、柔らかな苔のじゅうたんが広がっていました。

ウスキは、頂上に登った時や冷たい水に浸かる時の気持ち良さを、とても生き生きと語っていたので、私は後日、彼に尋ねました。「なぜ森に行くと元気が出るのだと思いますか」と。

「森に立って木々を見上げると、自分の問題が小さく見えてくるんですよ」

もうひとつ、ここキーロパーで感銘を受けた体験があります。ムーミン物語の要素を取り入れた、子ども向けの週末森林体験プログラムです。

このプログラムでは、4歳から6歳の子どもたちが森に入り、動植物について学びます。地衣〔岩や木の幹などに生えている菌類〕や葉を食べるトナカイの姿を、声をひそめてじっと観察します。

ガイド役の女性、サンナ・ヤフコラが、物語を聞かせたり、アクティビティを先導したりして子どもたちの興味を惹きつけます。彼女はヘルシンキで教師になる勉強をしているそう。両親に付き添われた子どもたちは、3時間の散策のあいだ、ほとんど飽きることなく、ヤフコラの話に一生懸命、耳を傾けていました。最年少参加者、生後14ヶ月のミモザが、クラウドベリーの茂みに手を伸ばし、実をぱくぱくと食べはじめた時は、驚いて思わず見入ってしまいました。ミモザはヤフコラの赤ちゃんでした。ヤフコラは、田舎のコテージで家族と夏を過ごした子ども時代からアウトドアに魅了され、ガールスカウトやガイドに積極的に関わるうちに、ますます好きになっていたといいます。

3人の子を持つヤフコラは、自然は、自然界について学べるのはもちろんのこと、実用的なアウトドアスキルや安全感覚を学ぶ上でも、良い環境だといいます。

「他人への配慮など、社会的スキルも身につきます。森を歩いている途中で枝があれば、後ろを歩く人に刺さらないように、枝を掴んでおくことを学ぶでしょう」

森林セラピー　Forest therapy

グリーンケア、森林セラピー、自然療法などと呼ばれる分野では、自然のさまざまな効能に着目しています。すなわち、現代社会におけるストレスの緩和、ウェルビーイング〔心身の充足感〕の向上、そしてデジタルデトックス効果です。こうしたテーマは、日本、アメリカ、カナダ、イギリス、フィンランドまで、世界中で広く研究されています。

自転車に乗る際、交通量の多い道路沿いを走るよりも、緑あふれる公園の道を走ったほうがずっと気持ち良いと気づいたことがきっかけで、私はこのテーマに関心を持つようになりました。

私の印象では、フィンランド人は、年齢に関係なく、誰もが自然界ととても親密な関係を築いています。

フィンランド自然資源研究所のデータがそれを裏付けています。調査によると、フィンランド人の96パーセントが、1週間に平均2回から3回の野外活動を行っています。ここでいう野外活動とは、ウォーキング、海や湖など自然の中での水泳、夏のコテージ滞在、ベリー採集やキノコ狩り、自転車、自然観察、船遊び、クロスカントリー、ビーチでの日光浴、ピクニック、家庭用の木材を集める活動などです。

グリーンケアについて学ぶため、ウェルビーイング〔心身の充足感〕と自然の関係性に詳しいフィンランド自然資源研究所の研究教授、リーサ・トゥルヴァイネンに連絡を取りました。

彼女はこの分野の第一人者で、自然が脳に良い影響を与えることを科学的に解明した本『NATURE FIX 自然が最高の脳をつくる――最新科学でわかった創造性と幸福感の高め方』〔栗木さつき・森嶋マリ訳、NHK出版〕の中でも、著者フローレンス・ウィリアムズから取材を受けています。

トゥルヴァイネンによると、森の中をわずか15分歩くだけでストレスや血圧が下がり、緊張した筋肉をリラックスさせることができます。彼女のアドバイスによれば、自然の恩恵を受けるために、なにも森林セラピーガイドを雇ったり、トレイルランをしたり、1日がかりでハイキングをしたりする必要はないのです。

春のある日。ヘルシンキ郊外にあるヴィーッキ自然保護区で、トゥルヴァイネンに会いました。50代前半のエネルギッシュな女性です。ヴィーッキ自然保護区には農業・林業の大学研究センターと鳥類保護区があり、加えて、森と牧草地（と、そこで放牧されている牛）、そして沼もあります。

森林セラピーの精神にのっとり、私たちは公共の森の散歩道を歩きながら語らいました。

トゥルヴァイネンに次の質問をします。「森林で時間を過ごすと、なぜウェルビーイング〔心身の充足感〕が向上し、『シス』が鍛えられるのでしょうか」と。

「確実にいえることは、自然が病気や燃え尽き症候群を予防し、軽いうつ症状への治療や、疲労回復にも役立つということです」とトゥルヴァイネン。

「人々は森の中だとリラックスできるでしょう。それは、日頃のストレスから逃れ、休息を得る効果的な方法なんです。慢性的なストレスは、2型糖尿病など、今日問題となっているさまざまな生活習慣病を引き起こす恐れがありますから」

私たちは一瞬立ち止まり、ムシクイたちのさえずりに耳を澄ましました。小さくて白いヤブイチゲの花に、喜びの歌を歌っています。

ところで、ウェルビーイング〔心身の充足感〕は一体どのようにして測定されるのでしょうか。それを知るには、20年近く前にさかのぼらねばなりません。

トゥルヴァイネンによれば、2000年代のはじめに、フィンランドではじめてかつ重要な、健康と自然に関する研究が実施されました。トゥルヴァイネンはヘルシンキ大学において、ウェルビーイング〔心身の充足感〕と環境の研究で知られる心理学教授カレヴィ・コルペラと共同で、自然の中での活動が、都市住民のメンタルヘルスや気分にどのような影響を与えるか、研究を行ったのです。

その後、日本の研究者やフィンランド森林研究所とも連携し、ウェルビーイング（心身の充足感）と森林に関するさらに広範な研究を実施しました。なお日本では、１９８０年代以降、森林浴の生理的な効果について研究が行われています。

森の効果をどのように評価するのか、トゥルヴァイネンに尋ねました。

「ヘルシンキのセントラルパークなどの場所で、ある一定条件下のテストを実施しました。仕事を終えて実験会場にやって来る被験者たちは、そこに来るまでに同じ食べ物を食べ、同じ時間だけ車を運転するなどしています。それから15分間座り、その後、30分間歩きます。そして唾液などのサンプルをさまざまな間隔で採取し、ストレスホルモンの値を測定していきます。同じチームの日本人研究者が行っていたように、血液検査も有効な手段です。気分の変化も測定し、心拍数モニターで心拍変動を見て、血圧もチェックしました」とトゥルヴァイネンは説明しました。

心拍数は、この手の野外実験における最もわかりやすい健康指標のひとつです。

血圧に関しては、大気汚染の影響も受けます。よく知られているように、高血圧になると心臓や血管に負担がかかり、長期にわたると心臓発作や脳卒中のリスクを高めることがあります。

「小さな公園だと、必ずしも澄んだ空気を吸えるわけではありません。だから私たちは、きれいな空気が吸える、広々とした静かで落ち着いた緑地空間の大切さをずっと強調してきました」

とトゥルヴァイネンはいいます。

彼女のもうひとつの関心事は、騒音公害です。

「騒音刺激は潜在意識に影響をおよぼす可能性があります。騒音は、ストレスを引き起こす環境障害なんです。多くの都市、特に大都市では、騒音が人々の神経系に影響を与えています。騒音や大気汚染はヨーロッパや北アメリカで極めて重い健康リスクのひとつで、中国においてはさらに深刻です」

現在、世界の人口の半分以上は都市に住んでいます。WHOは、騒音による健康への悪影響を7つのカテゴリーで列挙しており、睡眠障害や心臓血管障害、聴覚障害といったものが並んでいます。

そういえば何年も前に、フィンランドの主要日刊紙『ヘルシンギン・サノマット』でフィンランドのカレリア地方北部の観光調査に関する記事を読んだのを思い出しました。ウェルビーイング〔心身の充足度〕に関するその調査には、「静けさ」という項目が含まれており、記事の中でインタビューに答えた香港出身の人は、カレリアの自然を体験し、人生ではじめて雨のしずくの音を聞くことができた、と語っていました。

トゥルヴァイネンはもともと、森林監査官を目指して林業の勉強をしていました。

「男性が支配的な世界でしたから、女性として状況を変えたいと思っていました。男女平等を実現しなくては、と」

しかし、トゥルヴァイネンはまもなく、木材生産業に重点が置かれる当時の大学教育に、疑問を持ちはじめます。

「森林の価値は木材だけではない。森は人々の休息の場になるはずだという考えが強くなっていったんです。当時は誰も、森林の健康上のメリットに着目している人はいませんでしたが、私はそこを追究したくなった。だから、自分の道を切り拓くことにしたんです」

トゥルヴァイネンはフィンランドの湖水地方で育ち、幼い頃から海辺や森に出かけては、ベリー摘みやキノコ狩りを楽しんでいました。自然を愛する多くの人がそうであるように、彼女もまた、子ども時代に森で過ごした経験が、その後生涯にわたり、自然との密接な関係を築く礎となったのです。

トゥルヴァイネンは、フィンランドの一般の人々の話からも仕事のヒントを得ています。

「研究の中で私たちは気づきました。心と身体の幸せの源泉として森がいかに重要であるか、人々はさまざまなエピソードを語っているんです。たとえば、森がうつ病からの回復に役立ったという経験談を、手紙で教えてくれた人もいました」とトゥルヴァイネン。「フィンランド人にとって、森は教会や寺院のようなものです」

現在、トゥルヴァイネンの研究チームが力を入れているテーマのひとつは、自然との継続的な触れあいが、2型糖尿病などの生活習慣病にどのように影響するか、ということです。患者は薬の量を減らすことができるのか、あるいは、薬を一切手放すことさえも可能なのか。

「私たちは、都市化の影響にも関心を寄せています。なぜイギリスの子どもたちは自然を怖がるのでしょうか？　子ども時代に自然とのつながりを育む機会が与えられず、親たちは、森は安全な場所ではないと感じている。それは文化的な問題で、フィンランド人はまだ、森は安全で自然な遊び場だと捉えていますね」とトゥルヴァイネン。

「多くのフィンランド人は、森や自然を『自分の好きな場所』として挙げています。10年前はそう答えた人がなんと90パーセントもいました」

北欧諸国の多くの都市がそうであるように、フィンランドの都市では、自然へのアクセスがおおむね確保されています。しかし同時に、ヘルシンキでは、コンパクトな都市政策について、多くの議論が交わされています。

「都市計画で重要なポイントのひとつは、都市の中心を貫くように大きな緑地を確保することです」

そしてこの、「都市生活者がアクセスしやすい場所に緑地を確保する」という北欧流のスタイルをいかに維持するかが最大の課題だと、トゥルヴァイネンは指摘します。

「緑地には守る価値があるのだということを、どのように証明したら良いでしょうか。いまの課題は、政策の決定権を持つ人々を納得させる証拠を示すことです。都市空間の中に自然を配分する必要があること、そして、人々が自然にアクセスできるよう十分なサポートが必要であることを、理解してもらわねばなりません。長期的に見れば、緑は仕事や日常生活でのウェルビーイング〔心身の充足感〕を維持するカギであり、医療費の削減につながることは明らかなのですから」

トゥルヴァイネンはまた、フィンランドの人々が近年、十分に自然の中で休息せず、バーチャルなライフスタイルに向かっていることに懸念を抱いています。

「テクノロジーも都市も、あらゆるものがバーチャルなものになっていき、健康的な生活からどんどん遠ざかっている」とトゥルヴァイネンは嘆いています。

「人々はまるで機械のよう。でも私たちは機械ではないから、病気になります。ひとたび健康を失ってしまったら、どうするのでしょうか」

「最近の観光トレンドのひとつは、デジタルデトックス。私も、結局は生産性が悪くなるとわかっていながら、つい働き過ぎたり、空き時間にメールをチェックしてしまったりする。どうしてでしょうか。私たちの感覚機能と脳は、休息と回復を必要としているのに」とトゥルヴァイネン。

デジタルデトックスをするために、どこかにひきこもる必要はありません。この常にオンライン状態の世界でオフライン状態に入るためには、携帯電子機器をサイレントモードや「取り込み中」モードにして、森の中を歩いたり、街の公園を散歩したりするだけで良いのです。

〰

私は幼少時代にはブリティッシュコロンビアの森で遊んでいたにもかかわらず、いつしか自然との接点を失っていました。あるいは、その価値を、これまで十分には理解していませんでした。しかしラップランドでの体験を通じて、自然とのつながりを取り戻すことができた。

私は毎週末、森でハイキングをしているわけではありません。しかし毎朝、海に入り、騒がしい市街の通りではなく公園や森の中を歩くようにすることで、日々の都会生活に自然を取り入れたところ、私のウェルビーイング〔心身の充足感〕は確実に向上しました。

ひとりになって静けさにひたる時間は、たとえ10分や15分であっても良い休息となり、疲れを癒やし心を強くしなやかにし、慌ただしい1日の中で乱れたバランスを整えてくれます。私にとってこれは「シス・マネジメント」の一環です。忙しいスケジュールやその他もろもろからいったん目をそらし、自然の安らかな音色に耳を傾けると、ストレスがすっと引いて、集中力を取り戻すことができます。ニュースルームでの長時間シフトの前後などに、こういったことを試しています。

歩きながら話している時、トゥルヴァイネンは、以前に若い記者から、こう質問されたと教えてくれました。「子どもと一緒に森で何をすべきでしょうか?」と。

トゥルヴァイネンはこう答えたといいます。

「何もする必要はありません。ただ森に連れて行けば、子どもたちは何時間でも勝手に楽しみを見つけます。遊具も説明書も必要ないんです。森は、運動能力と創造力を育むのにうってつけの場所。また、微生物たちがいる森の中で身体を動かせば、免疫力がアップするのはいうまでもありません」

私は長いあいだ、息子が森の中で本当に楽しそうに、木や植物、昆虫と触れあう姿を見てきました。幼い子どもにとってはただ自由に歩きまわれるだけで、とても幸せなことなのです。生後15ヶ月の時、息子は森に覆われた島でリスたちを追いかけ、うれしそうに声をあげていました。

その後、4歳の時、息子をはじめて市外の国立公園に連れて行きました。6キロのハイキングコースは長すぎて無理だろうと思っていましたが、息子はすっかりはしゃいで、全行程を踏破してしまいました。
ついていくのに苦労したのは、親のほうでした。

グリーンケア　Green Care

- 自然は、ストレスや不安を軽減し、軽いうつ病を緩和するなど、さまざまな形で私たちを癒やしてくれます。
- 公園や森林などの静かな緑地を15分ほど歩くだけでも、心と身体が驚くほど元気になります。
- 携帯電話をサイレントモードにすれば、デジタルデトックスの時間に早変わり。
- 木の葉や花の色など、周囲の自然に意識を向けると、心のもやもやから簡単に離れることができます。
- 近くに森林がない場合は、公園や海沿いの道を散歩するのも非常に効果的です。
- 自然の中での休息は、いわば「シスの増強剤」。片付けなければならない日々のあれこれから視点を外すことで、すり減ったエネルギーを回復させ、活力を取り戻すことができます。

CHAPTER 6

北欧の食事法

健康な身体をつくるシンプルで実用的なアプローチ

The Nordic diet: a simple and sensible approach to good health and weight loss

地元スーパーでレジ待ちの列に並び、雑誌棚を眺めていると、フィンランドのとあるニュースキャスターが微笑んでいる人気週刊誌の表紙に目が留まりました。見出しには、次のような言葉が並んでいます。**「ジーンズがきつくなったら、ジョギングの時間を増やす。でも、食べ物は我慢しない」**

こうしたユニークな哲学は、フィンランドの雑誌や新聞、ソーシャルメディアではたびたび目にします。そしてどれもが、良識的なメッセージを唱えています。つまり、クラッシュ・ダイエット〔短期間で痩せるために極端に食事を減らすダイエット法〕や修行のような断食をするのではなく、シンプルに、賢く食べる。ズボンのウエストがきつくなったと感じたら、甘いものやおやつを減らし、果物や野菜の量を増やし、十分な運動を心がける――。

これは、私がインターネットでフォローしているアメリカやイギリスの雑誌・新聞の大げさな見出しとは対照的です。「痩せられる4つの秘訣」にはじまり、「もう常識！　セレブのダイエット法」、「砂糖が大敵なワケ」それから、「バナナを食べるべきではない理由」、さらには「絶対に食べてはいけない5つの食べ物」

全部やれる人などいるのでしょうか。もちろん、食品の健康効果や品質に関して、信頼性の高い、科学的根拠に基づく情報を得るのは良いことです。しかし、情報を追いかけるあまり、バランス良く健康的に食べる行為を必要以上に難しく捉えている人が非常に多いのも、事実です。

〰

私は、フィンランド系カナダ人の両親から健康的な食育を受けて育ちましたが、大人になってから何年ものあいだ、それとはかけ離れた食生活を送っていました。両親は、シンプルで賢明な北欧のアプローチで食事と運動に向き合っていて、おかげで2人は今日までずっと若々しく健康です。ダイエットをしたり、ジムに通ったりしたことは一度もありません。

しかし子どもの頃は、両親の態度を必ずしも良く思っていたわけではありませんでした。カナダでの私は結局のところ、「変わった名前の移民の子」ですから、現地の文化に溶け込むことに必死だったのです。いまでもよく覚えているのは、小学校時代のこと。私はエダムチーズののった全粒粉パンのランチを、ピーナッツバターとジャムの塗られた白いふわふわのワンダーブレッド〔北アメリカで売られているパンの商品名〕に代えてもらおうと試み、見事失敗しました。白いふわふわのパンなんて、両親は決して買おうとしなかったのです。

その後、大人になって親元を離れたのを良いことに、私は食べたいものを好き勝手に食べるようになりました。甘いものと塩辛いものが好きな私は、後先考えずにそれらをむさぼり（いまでも、お皿に丸いパンやフライドポテトがあると、我慢するのが大変です）、食事を抜いたり、不規則に食べたりして体重を抑えようとしてきました。朝、昼、晩の規則正しい食事を怠った結果として身体に不調（低血糖や低エネルギー、気力の低下）が生じていることに、気づいていませんでした。

バランスの良い食事は誰にとっても重要であり、近年はそうした健康意識も高まっていますが、特にうつ病傾向のある人の場合は、食べるものに注意を払うことで、とても大きなメリットを得られる可能性があります。

最近知ったフィンランドの2013年の研究では、健康的な食生活が、重いうつ病のリスクを軽減する可能性があることを示していました。

研究を実施したアヌ・ルースネンは、栄養疫学の博士論文の中で、ジャンクフードや砂糖、加工肉がうつ症状の悪化に関係することを指摘し、こう書いています。「葉酸が豊富な健康的な食事および、野菜、果物、ベリー類、全粒粉、鳥肉、魚、低脂肪チーズが豊富な食事が、うつ病の予防に有効かもしれない」

国境を越えてスウェーデンでは、カロリンスカ研究所の研究者たちが2015年の研究で、健康的な食事をした高齢者は、加工食品、脂肪分の多い食品、甘い菓子類を多く食べた高齢者に比べて認知状態が良好であることを示しました。

いまの私にとっては、どれも至極当然のことに思えます。

食べ方はシンプルに Simplicity on a plate

ひと言でいえば北欧の食事法は、ベリー類、野菜、脂肪分の多い魚をたっぷり食べるという、ごく普通のアプローチ。赤身肉は控えめにして魚を積極的に取り、抗酸化物質（癌、心臓病、脳卒中、そのほか病気の予防に役立つ天然の植物性化合物）を多く含むベリーを食べ、それからライ麦パンを食べます。ライ麦パンは、白いパンの少なくとも3倍の食物繊維があり、ビタミンB、鉄分、マグネシウム、亜鉛、抗酸化物質も豊富です。ジャガイモと根菜類は、食物繊維やマグネシウム、カリウムの良い供給源。キャノーラ油〔菜種油の一種〕やエキストラバージンオリーブオイルなど、飽和脂肪が少ないオイルもお勧めです。

私の印象では、フィンランドおよび、ノルウェー、スウェーデンなどの北欧諸国で出会った多くの人々が、この比較的シンプルな食事法を実践しています。

もちろんフィンランドのすべての人がバランスの良い食事をしているわけではありません。流行のダイエット法を追いかける人もいますし、摂食障害に苦しんでいる人もいます。そして多くの国々と同様に、私たちのライフスタイルは座っている時間がどんどん長くなり、加工食品や砂糖の多い食品が日常にあふれているという課題にも直面しています。

統計的に見ると、フィンランド人は世界一スリムな人々というわけではありません。最近の国際比較では、真ん中くらいの位置。ですが、フィンランド人の75〜80パーセントは、適正体重を維持しています。

2017年の『ニューイングランド・ジャーナル・オブ・メディシン』に掲載された大規模調査、「195ヶ国における25年間の過体重と肥満の健康影響」によると、肥満成人の数が最も多かったのはアメリカで、全成人の35パーセントにあたる約8000万人が肥満でした。一方でフィンランドは、男性の15〜19パーセント、女性の20〜25パーセントが肥満という結果でした。

この調査の基準では、BMIが30を超えている場合に肥満とされます。肥満は、心臓血管疾患、糖尿病、慢性腎疾患、癌、筋骨格系障害などといった慢性疾患の危険因子と考えられています。

何が元凶なのでしょうか？

それは、都市化、運動不足、そして、偏った食生活です。

私の知る限り、北欧では多くの人が食べ物との関係をシンプルに保っていますが、一方、イギリスや北アメリカでは、食事やダイエットはしばしば厄介な問題で、頻繁に食事法を変えたり、敵となる食品を絶えず注視したりしなければなりません。

たとえば繰り返し浮上する誤解のひとつに、バナナは太りやすいから絶対に食べてはいけない、という説があります。しかし、バナナにはカリウム、食物繊維、ビタミンB6、ビタミンCなどの複数の栄養素が含まれています（さらには、無害なものに自然分解される生分解性の皮に包まれているという特典まで）。人工的なスナックを食べるよりもずっと良い選択肢だと主張するのは、難しいことではありません。

しかし私自身は、過去の食生活に証明されるように、栄養学の専門家ではありません。そこでフィンランドの著名な栄養学者、パトリック・ボルグに連絡を取ることにしました。彼は、北欧の健康的食事がもたらす効果について何冊か本を出しており、健康と体重管理に関するコンセプト・デザイナー、講師、ブロガーでもあります。

私は長年ボルグの活動を追いかけていました。彼のメッセージはほとんどがシンプルで、実践しやすいのです。たとえば、「よく食べて体重を減らしましょう」。これはフィンランドでベストセラーになった彼の著書のタイトルでもあります。

ボルグが本質的にいいたいのは、とても単純な、次のようなこと。

「野菜や果物、鳥肉、魚、全粒粉を豊富に含むバランスの良い食事を取ること。時どきは、ハンバーガーやフライドポテト、ケーキを食べたって良い。食べることを楽しまなくては、悲惨な気持ちになって、健康でバランスのとれた食事をすることは難しくなる」

私のようにたまにはおやつも食べたいと切望する人間には、なんとも魅力的なメッセージです。

よく食べて痩せる　Losing weight by eating well

ある日のヘルシンキ。フィンランドで最も有名な20世紀の建築家、アルヴァ・アアルトによってつくられた建物内の明るいカフェで、ボルグに会いました。彼の歳は40歳くらいですが、はつらつとしていて、笑うとまるで少年のよう。

（ちなみに。コーヒーの栄養に詳しい専門家に出会いたければ、フィンランドはぴったりの場所です。フィンランドは、ひとり当たりのコーヒー消費量が世界一で、国際コーヒー機関によれば、1年にひとり当たり約12キロも消費しています）

私はボルグに、「よく食べて痩せる」という哲学について尋ねました。

「バランスのとれた健康的な食事、たっぷりの野菜と良質な食べ物をしっかり摂取していれば、体重が減ると同時に、身体に悪い食べ物への欲求が減っていくんです。たまにご褒美を無性に食べたくなったとしても、もともと時おりは食べて良いことになっていますから、食生活を乱すことにはなりません。ところが厳しく制限された食事法の場合、おやつを禁止されているためにかえって、暴食に走りやすくなる」

「中庸」を意識した彼のポジティブなメッセージもまた、すてきです。

「幸せな食事とは、悪いものを減らすことに目を向けるのではなく、良いものをより多く取ろうと意識することです」

では、そんな彼の哲学を実践に落とし込むと、どうなるのでしょうか？

まず、ボルグは2つの習慣を提唱します。適切な朝食、そして昼食です。これは私の知る多くのフィンランド人が持つ習慣でもあります。

「しっかり朝食を食べていますか？　朝食は、その日1日を過ごすために欠かせない燃料です。

フィンランドでは健康的な朝食の価値がよく理解されているので、このアドバイスはすんなりと受け入れられています。そしてしっかりと昼食を取ることもまた、重要です」とボルグはいいます。

ボルグは、日中によく食べると良い睡眠につながるなど、長期的な効果についても強調します。

「疲れてストレスを感じ、空腹でいると、夜に食べ過ぎ、かつジャンクな食べ物を選びがちになります。それが眠りの質にも悪い影響を与えるんです」

ボルグの話を聞いて、北欧の食習慣について私が最初に気づいた点を思い出しました。友人も同僚も、朝食をたっぷり取る習慣があったのです。たとえば、昔一緒に働いていた同僚で友人のセンヤ。北欧のジャーナリストたちが参加する取材ツアーに行った際、彼女はいつも朝食にベリーやナッツ入りのミューズリー〔オーツ麦などをベースにしたシリアルの一種〕またはポリッジ〔水や牛乳でオートミールや米を煮た粥〕を食べ、ビュッフェに並ぶ果物と野菜を全種類食べていました。

世界の食生活について意見を交わす中で、ボルグは、ある理由によりフィンランドでは自分の哲学を理解してもらいやすいのだといいました。

「何かというと、フィンランドでは保育園くらいからフード・トライアングル〔バランスの良い食事のために何をどれくらい摂取すべきかを三角形の図に示したもの〕や、プレート・モデル〔フード・トライアングルに従い、1回の食事でどのように食べたら良いかを示したもの」を教わるから、みんなそれをよく意識しているんです。それらのモデルに従えば、『2分の1、4分の1、4分の1の原則』に従って、誰でも簡単に食事習慣を見直せます」

フィンランドのプレート・モデルでは、サラダやすりおろし野菜や加熱野菜を2分の1、ジャガイモや米、パスタ、シリアルを4分の1、魚や肉、豆やナッツ類などのタンパク質を4分の1という食べ方を推奨しています。

とてもシンプルで、実践しやすいモデルです。

しかしフィンランド人の常として、ボルグもまた自己批判的で、すぐさまこうつけ加えました。

「このモデルは改善の余地もあります。食事と食事のあいだに、ヘルシーな間食を取り入れると、なお良いですね」

ボルグが考える伝統的フィンランド食の2つの強みは、ライ麦パンとベリー。これらはひょっとするとスーパーフードかもしれません。

ライ麦パンは国民的な人気食です。フィンランドでライ麦の栽培がはじまったのは、およそ2000年前。食物繊維を多く含むため消化を助け、血糖値を一定に保つ——それは糖尿病の予防に役立ちます——効果があるといわれています。

フィンランド自然資源研究所によると、フィンランドの森で採れるベリーは、人間の身体にとって大切なビタミンやミネラルを含んでおり、食物繊維が豊富。しかしカロリーは高くありません。強力な抗酸化物質であるポリフェノールも多く含まれます。

フィンランド自然資源研究所は、抗酸化物質の効能を次のように示しています。

「抗酸化物質は……コレステロールの酸化予防と、静脈の内側を覆う働きが期待される。また、癌細胞の増殖を遅らせ、腫瘍の形成を抑制し、炎症性およびアレルギー性反応や、細菌およびウイルスの増殖をコントロールすると考えられている」

健康的な食事のもうひとつの大切な要素は、水です。フィンランドは世界で最もクリーンな水が飲める国のひとつ。水道水は安全でおいしく、ボトル入りの水を購入する必要はありません。フィンランドの主要日刊紙、『ヘルシンギン・サノマット』の2017年の記事によると、水道水は、国民の喉を潤す飲み物として、長年一番の存在であり続けています。

ボルグは、乱れた食生活を改善したいと感じている人を対象に、食事と体重管理に関するコンサルティングも行っています。

ボルグは、「なぜ自分の食事が乱れたのか」を理解することが大切だと力説します。一番多いのは、感情的な理由によるもの。もし、バランスのとれた規則正しい食事を取らずに、ビスケットや大きなチョコレートバーを食べているとしたら、なぜそういう行動に走っているのかを紐解く必要があります。疲れているため？　エネルギーを必要としている？　あるいは、慰めのためかもしれません。ボルグによると、幼い頃に親から何かの報酬としてお菓子を与えられていた人は、大人になって無意識にそれを踏襲することがあります。

私の両親は子どもの頃、お菓子をご褒美代わりにくれることはありませんでしたが、大人の私は夕方になるとエネルギーが不足してきて、元気を出すためにチョコレートやお菓子をよく食べていました。しかしいまでは、その頻度はかなり減っています。外に出て活発に動けば元気が沸いてくる、ということに気づけたからです。

「感情的摂食の原因を把握することは重要です」とボルグ。「すべてが互いにつながっています。夜によく眠れず日中疲れていると、余分なエネルギーが必要になり、食べ過ぎにつながる」

食べ方を考える上で、アルコールとの付き合い方を見直すことも大切です。ボルグは次のように指摘します。「お酒を毎日、あるいは大量に飲んだりしている場合は、その理由を考えてみることをお勧めします。ストレスや何か別の理由があるのかもしれません」

私はボルグに尋ねました。フィンランド人は、健康とウェルビーイング〔心身の充足感〕の問題に対して、特別な粘り強さがあると思いますか？

「間違いなくそうですね。人々は良い体型を維持したいと願い、賢明なアプローチと『シス』により、実現に取り組んでいます。ただ『シス』の欠点は、何でも自分で管理しようとして、他人に助けを求めないこと」

では、ボルグ自身のライフスタイルや、1日の平均的な食事はどのようなものなのか。尋ねると彼の典型的な1日は、まず朝食に、ヨーグルト、ナッツ入りのミューズリー、そして果物とベリーを食べるそう。昼食には、野菜とタンパク質を含むあたたかい食事を取り、そして夕食には、家族と一緒に——彼には2人の子どもがいます——昼食と同じプレート・モデルに沿った別のメニューを楽しみます。

そして時々、「プッラ（pulla）」と呼ばれるフィンランド伝統のカルダモン風味の甘いパンなどを、おやつに食べるそうです。あくまで、ほどほどに。

テレビは見ないというボルグは、アウトドアをこよなく愛し、サッカーやスカッシュ、ジョギングも趣味だといいます。

多くのフィンランド人にとって、自然との触れあいは、健康的な食生活を送る上で欠かせない要素。ボルグは国立公園のサポーターも務め、公園の維持・保全や、数ある国立公園を多くの人に知ってもらうためのボランティア活動をしています。「それはごく自然な活動なんです。私にとって森は、かけがえのない場所ですから」

「フィンランド人は森の中で育ちます。森で時間を共有し、森で静寂を味わう。私が特に好きなのは、モレルなどのキノコを集めること。キノコ狩りはゲームみたいなんですよ。一度にたくさん採ってきて、キノコリゾットやパスタを自分でつくって食べるのが楽しみなんです」とボルグはいいます。

フィンランド自然資源研究所によると、森のキノコはタンパク質と食物繊維の宝庫。ナイアシン、リボフラビン、葉酸、ピリドキシン、コバラミンなどのビタミンB群も含まれています。キノコはまた、免疫力を高める成分も含み、ビタミンDもたっぷりです。

「万人の権利」（フィンランド語では「jokamiehen oikeus《ヨカミエヘン・オイケウス》」）のおかげで、フィンランドではレジャー目的で公共・私有の自然に自由に入る権利があるだけでなく、そこでベリー、ハーブ、木の実、キノコを採集することも認められています。

森は都市の中心部にも広がっているので、ヘルシンキの中心にいながら、食べ物採集を楽しむことができます。もしベリーやキノコについて知識があるなら、家に帰る途中で森に立ち寄り、晩ご飯の食材をゲットすることもできるのです。ただ注意しなければならないのは、中には有毒なキノコもあるということ。何が食べられるのか、きちんと知っていることが大切です。

ベリー採集やキノコ狩りは、北欧の実用的ライフスタイルの良い例ともいえます。ローカル・フードがブームになるずっと前から、フィンランドの生活はそのように営まれてきたのです。ベリーやキノコを買うためにスーパーに車を走らせるのではなく、森に出かけて食材採集。これは、「シス」的アプローチでしょう。そのこともまた、私の心を打つのでした。

食べ物の育つ庭　The edible garden

食べ物採集の権利があることに加え、フィンランドでは全国的に市民菜園が盛んです。海外のコミュニティガーデンと同様、庭付きのコテージや家を持たない人々は市民菜園を利用して、果物や野菜や花を育てることができます。

北欧における市民菜園の発祥は1655年のデンマークにさかのぼり、その後、スウェーデン、ノルウェー、フィンランドへと広がっていきました。

フィンランドで最初の市民菜園は1900年代はじめの頃。小さな土地とともに、一晩を過ごせる簡素なコテージが割り当てられることもよくありました。現在、市民菜園の多くは都市部やその周辺にあり、車や自転車、公共交通機関で簡単に行くことができます。

最近では、スーパーに行けば世界中の食料品が揃っているので、自分で食べ物を育てる必要性は薄れています。しかしフィンランド人はいまでも、夏になるとビタミンが豊富なベリーや根菜を自分の手で収穫し、冬に向けてそれらを冷凍や缶詰めにする習慣を続けています。これもまた、「DIYシス」のすばらしい例でしょう。スーパーやインターネットでベリーを購入するのは簡単です。でも人々は敢えて、森や菜園に出向いて食べ物を集め、自然の中で時を過ごす。食材採集や園芸は、年収や肩書き、年齢にかかわらず誰にとっても心躍る活動なのです。果物の生育期、SNSをひらくと、ラズベリー、イチゴ、ブルーベリー、リンゴなど、熟した野生果実のカラフルな写真の投稿がたくさん流れてきます。なにしろフィンランドには約40種類もの食用ベリーがあるのです。そしてまた、フィンランド人が大好きな黄色いキノコ、カンタレッリ［アンズタケ］の写真もSNSを彩ります。

私は熱心に食べ物集めをする人間ではありませんが、近所の岸辺の茂みで息子と一緒にアロニアベリーを摘み、スムージーをつくることがあります。この暗紫色のベリーには抗酸化物質が含まれ、ビタミンCやビタミンEなどのビタミン類、マグネシウム、鉄、カリウムなどのミネラルも豊富に詰まっています。

フィンランドの人々が持つ実用的な食材採集・菜園のスキルにはいつも驚かされ、感銘を受けます。友人のティーナは、この「自分で育てて、自分で採る」哲学を体現しているすばらしいロールモデル。ティーナの手料理をごちそうになるといつも、テーブルに並ぶ料理のほとんどが、彼女が採ってきたまたは育てた食材でつくられています。

ボルグと同じく、ティーナのモットーは、旬のベリーや野菜、穀物を中心に食べること。ケーキやパイなどのお菓子を拒絶してはいません。

実際、彼女のスタンスは実に思い切りがよく、すがすがしいのです。

「私はダイエットをしたことがないし、体重を減らそうとしたこともないの」とティーナはいいます。彼女の洋服サイズは「36」〔おおよそSサイズ〕です。「年とともに体重は少し増えたけれど、それは自然なことよね。個人的には、ダイエットは馬鹿げていると思う。場合によっては身体に危険なことさえあるでしょう。それに、一度減らしてもリバウンドすることがよくある。まったく終わりがないわ」とティーナはいいます。

「私にとって食べ物はとてもいとしい存在。その愛を子どもたちにも受け継いだことを誇りに思っているわ。食べ物には政治的、社会的な問題も絡んでいる。食糧を取り巻く社会事情がどれほど入り組んでいても、自分の家族だけは、倫理的《エシカル》な食べ方をしていたい。地球の反対側から出荷された食べ物は食べないようにしたいし、出来合いのものや加工食品はあまり食べないように心がけているの。ただ、すべてが悪者ってわけではない。スーパーで買えるファラフェル〔ひよこ豆またはそら豆をすりつぶして衣をつけて揚げた食べ物〕とか、ほかにも、おいしくて良い食べ物はあるから。要は、バランスよね」とティーナ。

「私は〝絶対〟を信じていないの。甘いものが好きで、砂糖が悪いとは思わない。ええ、たしかに食べ過ぎたら、良くないのは当然。お店で買うお菓子には、悪玉脂肪が含まれていることもあるでしょう。だから私はなるべく自分でケーキとかを焼くようにしているの。そうすれば、そこにどれくらいの砂糖と脂肪が入っているのか、きちんと把握できるから」

私は地元の食料品店でティーナを見かけたことが一度もなかったのですが、ようやくその理由がわかりました。彼女は、サマーコテージや近くの森で、食材を集めるほうが好きだったんですね。

この時、季節は8月。ティーナはこういいます。

「今日は、たっぷりの野菜サラダの上に、カンタレッリ、チャイブ、ハーブをのせるわよ。熟したのがあれば、ズッキーニもね」

「私は季節の移り変わりが好き。それに調和しながら生きているの。キノコやベリー、イラクサ、タンポポなど野生の食用植物、それからバーチの葉。毎年、新たな発見がある。今年の夏は、家族にトウヒ〔マツ科の針葉樹〕のピザをつくったら、娘とボーイフレンドはこんなのフィンランドでしか食べないよ！　といっていた。でも、2人ともとてもおいしそうに食べてくれた」とティーナはいいます。

彼女は果実とベリーにも熱心で、森でブルーベリーとリンゴンベリーを摘みます。彼女のコテージの庭と小さな果樹園には、ブラックベリー、サワーチェリー、ラズベリー、リンゴ、小さなプラムの木があり、ほかの多くのフィンランド人と同様に、それらの果実からソースやジャム、ピューレをつくって冷凍しておき、1年を通して楽しんでいます。

また、オレガノ、ローズマリー、チャイブからバジル、コリアンダーにいたるまで、さまざまな野菜やスパイス、ハーブも育てています。

「私はスイスチャードが大好き。毎年、いろんな葉野菜やズッキーニ、ジャガイモを育てている。マンゴールドも大好きで、よく育つの。ほかに、エルサレム・アーティチョーク、コールラビ、サヤインゲン、イエロー・ビーン、黒豆、トマト、赤ピーマンを植えているわよ」

そしてティーナは、こうした自然からの贈り物に対して、北欧流の禅の精神で向き合います。

「フィンランドでは、そしておそらく世界のどこでもそうだと思うけれど、人々はよく、今年は何の作物が採れない、という話をする。でも私はもし特定のベリーやキノコがない場合、『じゃあ、ほかのものがある』と考えるようにしている。シーズンのはじめにキノコが不作だったら、もしかして終わり頃にはよく採れるかもしれない。いまの時代、何かが手に入らないからといって、じたばたしてはいけないわ」

コテージライフ Cottage life

多くのフィンランド人にとって、果実と野菜の育つ庭はコテージに欠かせない要素です。フィンランド語で「モッキ（mökki）」と呼ばれるサマーコテージは、フィンランドの全国民が大好きな場所。田舎、あるいは望ましくは水辺のコテージへ出かけ、ゆったりと休息をとり、エネルギーを充電するのです。

フィンランドには50万軒以上のコテージや別荘があり、ある統計によれば、コテージを積極的に使う人は300万人。ひとりあたりの数としてどの国よりも多い数字です。

私の知るフィンランド人はみな、夏に1週間以上コテージへ行きます。自分のコテージを持っている人もいますし、家族や友人のコテージで過ごす人、レンタルする人もいますが、どんなコテージだろうと大事なのは、ただシンプルに、自然の中でリラックスした時間を過ごすこと。

これは働く人々の典型的な休み方です。フィンランド人の多くは（もちろん仕事によって多少差はあるものの）、最長で5週間もの長い休暇を取っています。

中には最新設備を完備し、冬の防寒対策もばっちりなコテージもありますが、多くの人は、そうではなく、わずかな設備だけの――たとえば、電気も水も通っていない――コテージを誇らしいものと感じ、好んで使っています。そのほうが自然に還る本物の体験ができますし、コテージライフをシンプルに保てるからです。

コテージで過ごした週末として思い出深いのは、タンペレの街から近い、ナシヤルビ湖畔の友人のコテージで過ごした時のこと。1920年代に建てられたその木造コテージには、湖を見下ろせる位置にサウナがあり、心地良いスチームを浴びたあとに湖に飛び込むには絶好のロケーションでした。そして、電気も水道もありませんでした。

食事のあとに手で食器を洗っていたら、子どもの頃にキャンプに出かけてワクワクした時の気持ちを思い出しました。ここでは自然のリズムに敏感になります。外の明るさ、暗さに呼応して、その時できることをする。するとやがて、1日の中にゆったりとした時間が流れはじめます。


フィンランドのコテージライフを描いた有名な作品のひとつに、ムーミンの生みの親であるトーベ・ヤンソンが綴った『少女ソフィアの夏』〔渡部翠訳、講談社〕があります。時代を超えて読み継がれるこの短編集でトーベは、6歳のソフィアとそのおばあさんの物語を通して、フィンランド湾に浮かぶ小さな島のコテージで過ごす夏の輝きを、生き生きと伝えています。ソフィアのモデルはトーベ自身の姪でした。2人は森の中を抜け、島の海岸沿いを歩きながら、愛、人生、友情、死といった大切なことを語り合います。

その作品世界と同様、トーベ自身も、ペッリンゲ諸島のとある島で暮らしていました。彼女の作品は、夏の鮮烈さを捉えています。この地では、夏は、一瞬の出来事。その刹那的なさまがまた、人々を惹きつける不思議な魅力になっているのです。

長い冬と短い夏を含む4つの季節を持つ北の地で暮らしていると、すべての季節に感謝すること、また、オーロラのような微細な変化に意識を向けることを教えられます。夏のあいだは無限の資源のように思える太陽の光が、暗い冬のあいだは、すぐに消えてしまう希少な存在になる。だから私はここへ来てから、とても繊細に、光というものを感じるようになりました。

ティーナは、ヘルシンキから郊外へ車で45分ほど走ったところに、赤い壁と青い玄関のすてきな木造コテージを持っています。質素な2階建てのそのコテージは1800年代後半に建てられ、その後、1940年代に増築されて、数年間は村の商店として使われました。ティーナの一家がおよそ20年前に購入した時は、著名な陶芸家・芸術家が所有していました。当然の流れで私は「あなたにとってコテージとは?」という問いを投げかけます。ティーナはいつも鋭くて思慮に富んだ、深みのある答えを示してくれます。

「コテージはやすらぎと変化をもたらす場所。季節ごとに景色が変わり、目に映るものがいつだって本当に美しい。週末や休日には、家族のための場所になるわ。子どもたち夫婦にはそれぞれの部屋があるから、みんな、自分の空間を持ったまま、同時に、一緒にいることができるの」とティーナはいいます。

「コテージは私にとっては大切な存在よ。だって、すぐそばに森や庭があるもの。地元の自治体が整備しているアヴァント(アイススイミング用のスポット)もあって、夏も冬も泳ぐことができる。冬には、雪が降ったらクロスカントリー。家族と一緒に森の中を探索するの。秋には、森で長い時間を過ごす。もしかしたら私はちょっと長すぎるかもしれないけれど。中毒のようなものね。でも、ついでに良い運動にもなるからいいでしょ、って考えるようにしているわ」

北欧流　ヘルシーに食べるヒント　Nordic diet tips

- とにかくシンプルに。プレート・モデルを参考に、2分の1が野菜（サラダや加熱野菜）、4分の1がイモ類、米、パスタ、穀物、残りの4分の1がタンパク質（魚、肉、マメ類、ナッツ、種子類など）になるように食べます。
- スーパーで食料品を選ぶ時は、買い物カゴの中を確認。野菜や果物は足りていますか？　プレート・モデルを反映していますか？「虹のイメージを持つ」という方法もあります。あなたの選んだ野菜や果物は、虹のようにカラフルになっているでしょうか？
- 朝食のポリッジ（お粥）やシリアルに、果物やベリーを加えましょう。果物やベリーをおやつ代わりに食べるのもお勧めです。
- 旬のものを食べましょう。
- 喉が乾いたら、なるべく水で潤しましょう。
- 自分の庭や菜園がない場合、小さな鉢植えでトマトやハーブを育ててみてはいかがでしょう。
- ファーマーズマーケット（生産者が直接販売する市場）や、野菜や果物を自分で採らせてもらえる農園に出かけるのも良いでしょう。子どもたちは大喜びです。
- 食べ物採集ツアーは、その土地の野生の食べ物について学べる絶好の機会です。

CHAPTER 7

フィンランド流の子育て

幼児期から「シス」を育む

Getting a healthy start: cultivating sisu from early childhood

夫との出会いは、ヘルシンキからサンクトペテルブルクへ向かう電車の中。同じプレスツアー〔メディア関係者を招いて行われる視察旅行〕に参加していました。たまたま親友がツアーの運営に携わっていて、急なキャンセルの穴埋めでジャーナリストの私に声がかかったのです。インドで生まれ5歳からフィンランドで育ったティノは、国際的な感覚の持ち主で、ハンサムで魅力的な人でした。いくつかの言語を話し、1990年代後半に名の知れた演劇公演に出たり、人気テレビ番組の司会を務めたりしていて、いわゆる有名人でした（当時の私は知りませんでしたが）。

ティノと言葉を交わした時、まるで昔からの知り合いに会ったような不思議な親しみを覚えました。カナダ時代の友人に久しぶりに会えたような懐かしさとでもいいましょうか。実際、はじめてティノに会った時、彼のことを北アメリカに住んでいた人なのだろうと思いました。完璧に近い英語を話し、フレンドリーで、アメリカ風の気の利いた会話をする人でしたから。しかしあとで聞いたところ、彼は世界中を旅してきたにもかかわらず、カナダに行ったことは一度もないそうでした。

ティノは人を楽しませるのがとても上手でした。ツアー中は週末の時間をたっぷり使って一緒に時間を過ごし、帰国後はヘルシンキでデートを重ね、やがて恋人の仲に発展しました。そこからはあっという間でした。約8ヶ月間の交際の後、プロポーズされて結婚。そのおよそ1年後、2010年のはじめにかわいい男の子が誕生しました。そして私は、フィンランドの出産・子育て支援システムをはじめて体験することになったのです。

育児パッケージ The famous baby box

フィンランドは妊娠に対するケアやサポートが非常に充実しています。出産前の定期検診や妊娠中の健康カウンセリングがあり、バスに乗れば必ず席に座らせてもらえます（胎児の安全を考えて、私は自転車に乗るのをやめました）。しかし中でも私が感動したのは、評判高きあの「育児パッケージ」を受け取った時でした。育児パッケージとは、これから親になる人のための初心者キットのようなものです。

フィンランドの育児パッケージ政策は世界各国から非常に強い関心を寄せられていて、これまで何度も海外メディアで報じられてきました。このコンセプトは世界中に広がり、近年ではニュージャージー州やスコットランドなど、さまざまな国や地域で導入されています。また、このアイディアにヒントを得て独自の育児パッケージを制作・販売している民間企業も世界に数多くあります。


12月の暗い午後、妊娠8ヶ月の時に郵便局へ行き、育児パッケージの箱を受け取りました。その頑丈な箱の中には、スリーピングバッグ〔赤ちゃん用の寝袋〕から繰り返し使える布おむつまで、生後最初の数ヶ月間で必要なものが、ほぼすべて入っています。ちなみにこのダンボール製の箱は、ベビーベッドとしても使えるのだと書いてある記事をよく見かけますが、実際にこれをベビーベッドとして使っているフィンランド人に私は出会ったことがありません。一番よくある使い方は、収納ボックスでした。

夜、夫とともに箱を開けた私は、出てきた品々（約50個）に大変驚きました（それがどう役に立つものなのか、その時にはよくわからないアイテムも中にはありました）。

箱に丁寧におさめられていたのは、実用的な生活必需品の数々。赤ちゃん用爪切り〔新生児の爪はすぐに伸びるので小まめに切る必要があるのです!）、柔らかいヘアブラシとコットンの衣類（ズボンとトップス）。洋服類は、性別に関係なく使えるカラーでまとめられています。それから、よだれかけに、帽子や靴下、手袋といった冬用装備一式、温度計（お風呂の温度が熱すぎないようにするため）、さらには、赤ちゃん用の絵本まで（「Iloinen lorutoukka《イロイネン・ロルトウッカ》」というタイトルで、およそ「イモムシの楽しいわらべうた」という意味です）。世界で最も読解・記述力の高い国といわれるフィンランドらしいアイテムです。

なお、持続可能性《サステイナビリティ》への配慮から、ほとんどの衣服はリサイクル生地でつくられ、できる限り環境に優しい布が使われています。

この育児パッケージは、ある種の「シス」かもしれません。なぜならこれは1930年代後半に、とある危機的状況への解決策として誕生したものなのです。当時フィンランドは、低い出生率と高い乳幼児死亡率という問題を抱えていました。しかし育児パッケージを導入したことによって、すべての母親に保育サービスが行き届くようになり、さらには乳幼児死亡率を引き下げることにも成功しました。1930年代後半は生後1年間で乳児の10人に1人が死亡していましたが、2015年には、フィンランドは世界で最も乳幼児死亡率の低い国のひとつになりました。

今日、育児パッケージはフィンランドのすべての親が受け取ることができます。

誕生から5歳頃　The early years

息子が産まれ、私たち夫婦は親になったという現実と、それにつきものの寝不足生活にも少しずつ慣れていきました。

しかし私は一時的な産後うつに陥りました。ホルモンバランスや生活の大きな変化、睡眠不足と運動不足が原因だったことは、いま思えば明らかです。しかしフィンランドに移住してからというもの、この時点まで私は、特別な努力をしなくてもずっと体調が良かったので、健康のために運動や睡眠に気を配らなければいけないという意識がなかったのです。

それに、赤ちゃんを持つことについてあまりにも無邪気な考えでいたというのもあります。かわいい服を着せたり抱っこしたり、写真をたくさん撮ったりというイメージばかり膨らんでいて、子守の経験はといえば、10代の時のベビーシッターと、大人になってからの代母の経験だけ。赤ちゃんや子どもは大好きでしたから、小さな人間をひとり世話することが一体どういうことか、もう少し理解しているつもりだったのですが……。

それまでずっとフルタイムで仕事をし、比較的縛られない生活を送ってきた事実も合わさり、私にとって小さな乳児を1日24時間、年中無休で世話することは、非常に大きな生活の変化でした。私はフィンランドの多くの母親と同じくたっぷりとした出産休業（最大1年間、標準的には4ヶ月）を許されていましたが、その間、友人や家族の助けがあったにもかかわらず、家の中で子どもと長い時間を過ごすことに困難を覚えはじめました。

もっと外へ出て人と交流しなくては、息子が必要なものをひとつ残らず与えなくてはと、充血した目で赤ちゃんと親たちの集う会に参加しましたが、そこでますます孤独を感じてしまいました。フィンランド育ちではない私はフィンランドの子守歌を知らないのです。結果、ただただ劣等感が強まるばかり。ただでさえ、妊娠前の体型に完璧に戻したママたちと自分を比べては落ち込み（私の場合は数年かかり、アイススイミングに出会ってようやく減量できました）、夜よく眠る赤ちゃんを持つママを見ては落ち込み、フィンランドのベリーを使ってオーガニック・ベビーフードを（当然のように）手づくりするママや、子どもにおしゃれな服を着せているママを見ては、自分の不出来を恥じ、落ち込んでいたのです。

しかし私たち夫婦は私がうつ病であることに気づいて専門家をあたり、ありがたいことにすぐに適切なサポートを受けることができました。中でもトークセラピーは、その後も何度も私を救ってくれています。この時私は、悩みや心配事を口に出して語ることがどれほど大事なのかを実感しました。「常に強くあらねば」と思ったり、あるいは「シス」に偏りすぎて「何でもひとりで解決しよう」などと考える必要はなかったのです。

これは私にとって、繰り返しいい聞かせなければいけない教訓のようです。

不安や恐れや心配事を人に打ち明けてみると、実は多くの人が似たような経験をしていることがわかります。周囲の人々は理解を示し、助けになろうとしてくれます。誰ひとりとして、私が勝手に設定した、非現実的で完璧な理想を達成するよう求める人はいません。問題をきちんと言葉にして、ほかの人と共有する。話す相手がセラピストであれ友人であれ、この簡単な方法によって、私たちはピンチを切り抜けることができるのです。

あとから振り返ればすぐにわかることなのですが、私はセラピストとの対話を通してはじめて、自分が母として不十分だと感じ、自分に厳しくあたっていたことに気づきました。そしてそれは、はじめて赤ちゃんを迎えた母親、特に人生の比較的遅いタイミングで子どもを持った人には起こりやすい事態なのだと知りました。しばらくしてようやく、「必死にがんばっているのに、洗濯物がたまっている」という状況を受け入れられるようになりました。まったく問題ないことでした。

ある朝。私たち家族は、爽やかな気持ちで目を覚まします。昨夜は家族全員、ぐっすりと眠っていました。

私はフルタイムの仕事に復帰し、幼児へと成長した息子はフィンランドの保育園のお世話になっています。この国の保育システムは本当にすばらしい。ほかの国に住む友人たちの子育て環境と比べると特にそう思います。

きめ細やかに整備されたフィンランドの保育システムは、機能的で、考え抜かれた運営がなされています。そこで働くのは専門的な教育を受けた保育師や教師たち。私の場合は特に幸運で、家から歩いて5分以内の場所に保育園（および、それ以降に通うプレスクール〔小学校就学前の教育を受ける施設〕と小学校）を見つけることができました。

保育園にテレビやiPadはありません。ベビーシッターのサービスとは異なり、5歳以下の子どもたちがここで、集団生活や遊び、歌や絵や工作を学び、ナイフ、フォーク、スプーンを使って、栄養バランスの良い給食を食べます。子どもにお弁当を持たせる必要はありません。

あとで調べたところ、この完全無料の給食システムは、フィンランドの学校教育全体で貫かれていることがわかりました。おかげで子どもたちは毎日あたたかい昼食を食べることができます。「空腹では学習ができない、すべての子どもに食事を」という公共の利益に根ざしたこの制度は、戦時中の1943年に導入されました。フィンランドは完全無料の給食をはじめた最初の国で、その習慣は今日まで続いています。絶品料理とはいえないかもしれませんが、子どもたちが飢えることのないように、しっかりと保証してくれています。

プレスクール期 The pre-school years

プレスクールに入るまでのあいだ、保育園に通う息子の通園費用は家庭の収入に応じて上限が設けられていました。そして、6歳になり1日の半分をプレスクールで過ごすようになると、なんとそこは無料でした（フィンランドでは小学校から高校までの学費も無料で、フィンランドおよびEU国籍を持つ人の場合、大学の授業料も実質無料です）。

公立の託児所がほとんど、あるいはまったくない国で子育てをしている友人たちの話を聞くと、自分はなんと恵まれているのだろうと思います。

カナダ、アメリカ、イギリスの友人の中には、自分の親が子守をしてくれる週の数日だけ働く、パッチワークのようなスケジュールをこなしている人もいます。運良く近い距離に友人や家族が住んでいればいいのですが、そうでなければ、高いお金を払ってベビーシッターを雇うほかありません。

OECDによる2016年の社会指標レポートを読むと、カナダの家庭では所得の32・3パーセントを、イギリスの共働き家庭では所得の33・8パーセントを子育てに費やしている一方で、フィンランドでは17・1パーセントでした。

働く母親のひとりとして私は、国による子育て支援は、平等と幸福に関わる問題だと考えるようになりました。なぜなら、十分な育児支援があってこそ女性は働くことができ、キャリアを継続させることができるからです。

また、とある国際調査でフィンランドがなぜ高く評価されているのか、わかってきました。フィンランドは2014年に、セーブ・ザ・チルドレンによる「お母さんに優しい国ランキング」で二度目の世界1位に選ばれています。このランキングでは、世界178ヶ国の母親と子どもについて、健康、栄養、教育、政治・経済における女性の地位という観点からそれぞれ評価し、順位付けしています。

フィンランドの育児支援制度がここまで発達したのは一部には、女性の労働参加を可能にすることで、経済に貢献してもらう狙いがあったためです。しかし同時に、これは権利の問題でもあります。フィンランドは1906年に、世界でもいち早く、女性に対して選挙に投票する権利と立候補する権利を認めました。フィンランドが男女平等のパイオニアだといわれるひとつの所以です。

子育てに関してもうひとつ特徴を挙げると、「1年を通して子どもを外で遊ばせる」というのがあります。雨の日も晴れの日も、雪の日も、保育園やプレスクールでは毎日近所の公園などで遊ぶ時間があります。唯一の例外は、気温がある基準を下回った時だけ。

保育園とプレスクールに通う子どもたちは全員、各家庭から雨着、冬用オーバーオール、帽子、マフラー、手袋を持たされています。

これは良い「シス・トレーニング」ではないでしょうか。**なぜならこの健康的な日課を通して、子どもたちは早い時期から、屋外環境に対するたくましさを身につけていくのです。**このような「どんな天気でも外へ」という感覚は、ノルウェーやアイスランドなどのいくつかの北欧の国でも見て取れます。それらの国では、同じ思想に基づく似たような格言があります。

「この世に悪天候は存在しない。ただ、不適切な衣服があるだけだ」

また、北欧の一部の国では、たとえ真冬であっても、赤ちゃんの眠るベビーカーを家の外に出しておく習慣があります。あたたかい衣類で守りさえすれば、新鮮な空気を吸わせることが赤ちゃんのために良いと考えられているのです。フィンランドでは一説には、その起源はフィンランドの有名な小児科医、アルヴォ・ウルッポ（1887-1992）にさかのぼるといいます。ウルッポは1920年代、屋内の汚れた空気やくる病への対策として、赤ちゃんを外の空気に触れさせることを推奨しました。幼児死亡率がいまよりずっと高かったその時代、新鮮な空気と日差し（ビタミンD）は有効な手段だと考えられていました。

今日でも、冬に、赤ちゃんの眠るベビーカーが、玄関前やカフェ、店の前に置いてあることは珍しくありません。実際、マルヨ・トウルラによる2011年の調査によれば、外で寝た子どもは、そうでない子よりも2・5倍も長く眠ることがわかっています。

厳しい環境にもひるまない、この「シス」的子育て法は、親である私たちにも良いヒントをくれました。つまり、こう気づきました。「週末に一番やるべきことは、近くの公園や森に1～2時間出かけて、息子を思いきり遊ばせること」だと。そうすると息子はすっかり落ち着いて、ご飯をよく食べ、すやすやとお昼寝をしてくれるのでした。

私の暮らす地域には、クライミングフレーム〔滑り台、ジャングルジムなどの遊具を組み合わせた複合遊具〕、滑り台、ブランコなどの標準的遊具を備えた公共の遊び場がたくさんあり、それはヘルシンキのほかの地区や、フィンランドのほかの都市でも同じです。

一方で少し珍しいものとして、地元の公園には、頑丈な木のおもちゃ箱があります。中にシャベル、バケツ、ボール、おもちゃの車などがたくさん入っていて、常に解放されている場合もあれば、鍵がかけられ、地元住民だけが使える仕組みになっている場合もあります。これで子どもたちはおもちゃを共有して遊ぶことができます。地球上にモノがあふれているこの時代、シェアリング〔共有すること〕の重要性は高まっていますので、このおもちゃ箱はその良い練習になることでしょう。

小学校入学 The school years

フィンランドの子どもたちは7歳から小学校に通います。イギリスでは5歳、カナダでは5歳または6歳からですから、他国に比べて就学タイミングがわりあい遅いという事実は、しばしば人々を驚かせます。特に、フィンランドの教育レベルがほぼ常に世界ランキングの上位に入っていることを知っている人たちにとっては、意外に感じられるようです。

2001年発表のPISA（OECD生徒の学習到達度調査）においてフィンランドは、読解力、数学、科学の3分野で高い成績をおさめました。それ以来、フィンランドの教育制度は世界中から注目を集めています。ずっと1位を維持しているわけではありませんが、常に上位近くには入っており、週に少なくとも一度は、フィンランドの教育について好意的に論じる海外メディアの記事がSNS上でシェアされているのを見かけます。

息子は小学校に入ったばかりなので、フィンランドの学校の1年間がどのようなものか、まだすべてを経験したわけではありません。しかし、フィンランドの教育システムの成功のカギは（教育的な成功であれ、それ以外の成功であれ）一部には、保育園とプレスクールにあると思います。そこは、子どもが子どもであることを許されている場所。みんなで遊び、昼寝をします。決して前のめりに〝お勉強〟の準備をさせられているわけではありません。

子どもと「シス」 ——フィンランドの就学前教育と学校教育 Sisu for kids

息子が保育園とプレスクールで教わったことの多くは、「シス」に通じるものでした。難易度の高いパズルを組み立てる、友だちとの意見の対立を話し合いで解決するなど、どんな課題にも粘り強く挑戦する姿勢を教えられたのです。

また早い段階から、独立心と自律心を養う教育がなされました。それは汚れた食器を自分でカートに戻す、外へ出る時に自分でスノースーツを着るなど、とても簡単なことからも育まれます。

DIYのスキルも習いました。たとえば母の日には、要らなくなったボタンと小さな金属リングを活用して指輪のプレゼントをつくり、リサイクルやアップサイクル〔要らなくなった素材を単に再利用するのではなく、さらに高価値のものをつくり出す方法〕の考えを学び、「ゴミを捨てて既製のギフトを買いに走る前に使用済みアイテムを活用する」というアプローチを教え込まれたのでした。

息子が保育園とプレスクールに通っていたあいだに、私はフィンランド教育のある特徴に気づきました。それは、平等を実現するための徹底した取り組み姿勢です。すべての子どもは個人として扱われ、適切な判断のもと予防的ケアが提供されます。必要と判断されれば、3歳から5歳という早い時期から、子どもと親に対し特別な支援がなされます。スピーチセラピー（バイリンガル、トリリンガルの子を含む、子ども向けセラピー）からフィジカルセラピー〔運動機能の維持・改善を目的に運動、温熱、電気、水などの物理的手段を用いて行われる治療法〕まで、さまざまなサポートが用意されているのです。

教育学者で国際的スピーカー、フィンランド教育文化省の元長官でもあるパシ・サルベリ教授は、ベストセラー著書『フィンランド教育2・0（Finnish Lessons 2.0）』の中で次のように書いています。

「フィンランドの就学前教育は、学業的な準備に重きを置いていない。その一番の目的は、すべての子どもたちに幸せを保証すること。そしてすべての子どもたちを責任ある個人に育てることだ」

保育園とプレスクールにおいて「自分は満たされていて、責任ある個人だ」という感覚を養うことは、子どもたちの「シス」を育むことにつながります。なぜならその感覚が強力な基盤となって、子どもたちは小学校以降により一層、独立心やあきらめない強い精神力を発揮していくことができるからです。

サルベリは、世界的に名の知れたフィンランド教育の専門家。おそらくフィンランド教育関連のどの記事を読んでも、彼の広範な研究から何らかの引用を見つけることができます。

雨の土曜日の午後、季節は秋。私はヘルシンキ音楽センターのロビーでサルベリに会いました。ヘルシンキ音楽センターはガラス張りの美しい近代建築で、フィンランド随一の音楽教育機関であるシベリウス音楽院をはじめ、フィンランド放送交響楽団とヘルシンキ・フィルハーモニー管弦楽団の本部も入っています。

その日はオープンハウス〔音楽ホールを開放して出入り自由で音楽を楽しめるイベント〕が行われていて、私は聞こえてくる音楽をBGMに、サルベリに、早期教育とプレスクールがフィンランド教育全体の成功にどう関係しているのかを尋ねました。

「就学前教育というと、小学校に入る前の1年を指すと解釈されることが多いのですが、実はフィンランドではもっと広く捉えており、産まれる前から学校に入る瞬間までを指しています。この時期の教育は、のちのちの学力に影響する重要なファクターだと考えられています」とサルベリはいいます。

続けてサルベリは、就学前教育で大切な3つの要素を挙げました。

「遊び」、「信頼」、「健康」です。

「フィンランド式教育がユニークなのは、子どもの主体性を尊重し、自由な遊びを重視していることです。子どもの成長を促し、アイデンティティと自尊心を育てる上で、遊びは大事な要素だと考えられているのです。また、遊べる時間を大人が確保してあげる必要性も認識しています」とサルベリ。彼の次の著作は、教育における遊びの重要性がテーマです。「学校教育の中で子どもをしっかりと遊ばせるようにすれば、子どもたちはより健康になり、より幸せになります」

「私たちは世界のどの国よりも人を信頼し、子どもたちを信頼しています。だから遊び場では子どもを好き勝手に遊ばせておく。もちろんそれはフィンランドが比較的安全な国だからこそ可能なことですが」とサルベリ。

「もうひとつのカギは健康です。出産前後に行う母親と乳児に対するケア。また、親が望む場合は、子が3歳になるまで両親のどちらかひとりが家にいられるようにする方針も掲げていま す。これらは教育というより健康をめぐる問題ですが、フィンランドでは幼児期の重要性を意識して、ヘルスケアも含めた包括的アプローチを取っているのです」

「フィンランドでは、学習および、健康とウェルビーイング〔心身の充足感〕に関して、あらゆる種類の子どもの権利が認められています。たとえば授業のあとには、15分間、子どもは自分の時間を持つ権利がある。多くの子はその時間、外に出て遊んでいます」とサルベリ。フィンランドでは45分間の授業が終わるごとに、15分の休憩が入ります。

私はここで、海外の知人や友人から頻繁に聞かれる質問をぶつけました。

「フィンランドの教育がこれほどすぐれたものになっている要因は何でしょうか」

「教育とは、ただ読解力や数学や科学のテストで高いスコアを取るためのものではありません。もっと大きな意味を持つ」サルベリは断言します。

「フィンランド教育の強みは、全員が成功することをゴールに定め、国家的アプローチを取っていることです。ですから私たちは、ひとり親家庭の子ども、フィンランド語を話さない親を持つ子ども、失業中の親を持つ子どもに対しては特に注意を向けます。そのような子どもたちへのケアとサポートが行き渡るように、教育システム全体が設計されているのです」とサルベリは説明しました。

平等性に関して、フィンランドは国際調査で高い評価を受けています。ユニセフが発表した「子どもたちのための公平性——先進諸国における子どもたちの幸福度の格差に関する順位表」によると、「子どもの不平等性」は下から2番目。また、セーブ・ザ・チルドレンの「奪われた子ども時代——2017年版レポート」によると、フィンランドの子どもたちは世界で3番目に、「安全な子ども時代」を過ごしています。

フィンランドの子どもたちは学校で「シス」を教わっているのでしょうか。

サルベリに尋ねます。

『シス』をトピックとして教わるというより、多くの学校で『シス』は校風の一部のようになっています。私の印象では、子どもたちは早くから、どんな難しい挑戦も一度はじめたらやり抜くように学校で教えられています。レジリエンス〔立ち直る力〕と粘り強さが重視されていることは事実だと思いますね。フィンランドの学校教育では、しばしば『シス』を伴うような、複雑で自由な形式の学習に価値が置かれる傾向があります。また、子どもたちに対し早い段階で、自分の行動と学習に責任を持つように教えるのも特徴です。これもまた、子どもの『シス』が鍛えられる大きな要因でしょう」とサルベリ。

「最近の若者からは『シス』の精神が失われつつあると示唆する人々もいます。もし本当なら、より直接的に学校で教えるのも、悪くはないと思います」

フィンランド教育のもうひとつの特徴は、すべての小学校教師が修士号を持っていることです。

「フィンランドでは1970年代後半以降、プレスクールの教師を含むすべての教師に対し、学術的かつ研究データに基づく教育を施しています。小学校、中学校、高校および専門学校の教師は全員、学士号より上の学位を持つ人々です。こんな国は海外でほかにありません」とサルベリはいいます。

フィンランドでは教師は非常に尊敬され、人気のある職業です。5年間の修士号取得コースへの合格率が10パーセントを下回る地域もあるほど。

教師は信頼され、大きな裁量を与えられているので、教師自身がベストと考えるやり方で仕事を進めることができます。統一テストや政府による検閲はありません。

「信頼の文化はフィンランド社会全体の特徴ですが、特に教育においては重要な意味を持ちます。私たちは、高いプロフェッショナリズムに基づいた教育システムを持っている。だからこそ、信頼の文化を貫く贅沢が許されているのです」とサルベリはいいます。

彼は、フィンランドの信頼の文化は教育だけに限らないという点を強調します。サルベリによれば信頼の文化では、「疑われて、管理され規制されながら仕事をするより、信頼されて任されている時のほうが、人はずっと高いパフォーマンスを発揮する」と考えるのだといいます。

私はさらに次の疑問をぶつけました。

50年前にはとても誇れるものではないといわれていたフィンランドの教育システムが現在のように転換を遂げた背景には、フィンランド特有のレジリエンス〔立ち直る力〕があったからなのでしょうか?

「もちろん」とサルベリ。

「ただ、ひとつ補足すると、フィンランド人はもともと新しいものやアイディアを生み出すことが得意なのです。しかしそれが発揮されるのはたいてい、窮地に陥った時だ」

「現在の教育制度がつくられたのは1960年代。当時の議会は、『いま我が国には何もない、あるのは人々の知性だけだ』という考えで一致していた。人的資源を最大限に生かさねばならない、そのために教育がどうあるべきか、議論を重ねたのです。ほとんどの人が、当時の教育システムには問題があると感じていました。このまま何もしなければ、行き着く先は国家の破滅。それだけはなんとしても避けたいことでした」

「私は『シス』の力がフィンランド独自の教育システムを築き上げてきたと思います。スウェーデンやアメリカ、イギリスなどほかの国々では、教育制度の改定や変更の波に絶えずさらされていますが、その点フィンランドは一線を画している。私たちは、理想を掲げることは大事だが、それを実行に移すことも同じくらい大事だと考えています。そこで登場するのが『シス』の力。あきらめず、最後までやり抜くわけです。そして厳しい局面に陥った時、物事がうまくいかなくなった時、ほかの国ならコントロールの力を強めますが、フィンランドでは逆に、手放すのです。これはこの国の美点です。**きつく締め付けることが『シス』ではないとわかっている。難局を乗り越える方法をみずから見つけ出す自由があってこそ、『シス』が発揮されることをフィンランド人は知っているのです**」

「それから、フィンランド教育の大原則として注目すべき点があるとすれば、何事もスマートにやろうとする点です。フィンランド人は、物事を賢く進めることに非常に価値を置く。だから子どもや学生だけでなく働く大人たちも長い休暇を取り、週末には仕事を入れません。ランチ休憩も必ず取ります。適切なバランスを見つけることは、大事なことです」とサルベリはいいました。

心も身体も満たされるよう、気を配る――こうしたバランス感覚は、「シス」を保ち続けるための大事な要素ではないかと思います。

ただし、フィンランドの教育が完璧だと考えるのはあまりに楽観的でしょう。

もちろん、そんなことはありません。多くの国々と同じように、予算削減の心配やいじめの問題がありますし、親や教育者たちは、子どものインターネット中毒、読解力の低下、遊びや運動時間の減少、食事バランスの乱れなどの問題に頭を悩ませています。

フィンランド政府は子どもの身体活動を促進するため、最近の教育ガイドラインに次のような文章を載せました。

「8歳未満の子どもは、1日あたり最低3時間の運動が必要である。軽度の身体活動、屋外での中程度の身体活動、高強度の身体活動の3種類を取り入れることが望ましい」

このガイドラインでは、十分な休息と睡眠、栄養バランスの良い食事の重要性も強調されています。

ラップランドで出会ったアウトドアガイドのサンナ・ヤフコラに再会しました。教師を目指して勉強中のヤフコラですが、彼女はまた、「スクール・オン・ザ・ムーブ」のメンバーでもあります。これは7歳から16歳が通う学校を対象に、活発な身体活動の促進を目指す全国的プログラムです。

政府のガイドラインは、現場の教育関係者にはどう受け止められているのでしょうか。

「新しいカリキュラムは、自然の中など、いろんな学習環境を重視している点がすばらしいと思います。教室の中だけでなく、森はもちろん、校庭、海岸、砂浜、公園だって学びの場になるんです」と、ヤフコラはいいます。彼女はちょうど、屋外学習をテーマに博士論文を執筆しているところです。

「屋外ではまったく異なる学習経験が得られます。教室より、ずっと広々としたスペースがありますから。また、外に出ると気分が良くなり、森のようなでこぼこの地面を歩けば、運動能力が鍛えられることもわかっています」

さらにヤフコラはつけ加えます。

「それに、自然の中でたくさん身体を動かしている子どもは、そうでない子よりも体調が良いケースが多いのです。趣味や、普段のちょっとした行動にも違いが出ます。たとえばどこかへ行こうという時、車ではなく歩きか自転車を選ぶようになるんです」

屋外活動は3つのスキルを育てるのに有効だとヤフコラはいいます。たとえば、樹木の種類を覚えたり数えたりすることを通し、認知能力が育まれます。寒い季節には、身体をあたためるために徒歩で移動したり身体を動かしたりして、知らず知らずのうちに活発な態度が身につきます。さらに、自然とのあいだに良い関係ができ、自然への敬意を学ぶことができます。

「ここフィンランドでは、自然は、元気が出る場所、落ち着く場所。でも、そうは考えない人たちもいますよね。外を恐れる文化もある」とヤフコラ。

「恐れのなさ」に関してフィンランドは顕著だといえます。7、8歳の幼い子どもが、歩きまたは自転車や公共交通機関で学校に通うことは、全国的に普通のこと。首都でもそれは同じです（ヘルシンキは比較的安全な街なので）。対照的に北アメリカの都市に住む友人の子どもたちは、たとえ近い距離であっても車で通学しています。

ここで「カナダの子ども・青少年の身体活動に関する報告2014」が頭をよぎりました。「子どもの身体活動に関するカナダの現状および14ヶ国の国際比較」と題されたそのレポートを読むと、フィンランドの子どもたちが通学で積極的に身体を動かしている事実がわかります。フィンランドでは、1〜3キロ以内の通学の場合、74パーセントの子どもが徒歩または自転車で通い、学校から1キロ圏内の場合はほぼ100パーセントが、徒歩か自転車で通学していました。

一方カナダでは、5歳から17歳の児童・生徒の62パーセントが車で通学していました。

もちろん国によっては、安全性や距離の問題から車が必要になるのでしょう。しかし、もし環境が許すなら、徒歩や自転車での通学を取り入れれば、子どもの自立心が育ち、「シス」の頑強な土台を築くことができます。

子どもの「シス」の育て方　Sisu for kids

外遊びには雨天もあれば晴天もあり。天気は言い訳にはなりません。

教育学者　パシ・サルベリ

- 積極的に自然との接点を持ちましょう。環境保護や動物、昆虫、植物、樹木や花々について学ぶことができます。
- 子どもが外で登ったり、飛び跳ねたり、走ったりできるようにしましょう。
- 子どもと一緒に秋の落ち葉で遊んだり、夕方には懐中電灯を手に散策に出かけたりしましょう。
- 子どもに既製のおもちゃやゲームを買う代わりに、シリアルの空き箱や空きビン、がらくた類から何かつくることを提案しましょう。
- 遊びは、創造性から計算力まで、さまざまな能力を育てます。
- すぐにうまくいかない時は、子どもをサポートする環境をつくり、簡単にあきらめさせないようにします。人生の最大の喜びは、時に、手っ取り早くできることよりも、困難を克服することから得られるものです。

CHAPTER 8

自転車と幸せの方程式

Pedalling to happiness (and health)

とても寒い春の朝。私は自転車に乗り、職場へ向かっています。ヘルシンキのノース・ハーバー〔ヘルシンキ中心部の北東に位置する港〕の前を通ると、そこには大きな木製帆船が何隻か。ふと、音が聞こえてきます。まるで風にたなびくチャイムのような、優しく澄んだ音色です。時刻はまだ午前6時30分。明けはじめた空は日の光でマーブル模様に染まっています。犬を散歩している人、私と同じく自転車に乗っている人（きっと通勤なのでしょう）がわずかにいる以外、人通りは多くありません。

この音はどこから来るのだろうかと、自転車のスピードを緩めると、それは、海のメロディでした。さざ波が薄い氷の板をゆっくりと動かし、氷と氷がぶつかる時、魔法のような響きが生まれるのです。

道行く人が何人か立ち止まり、しばし耳を澄まします。そして互いに微笑み合うと、何もいわず、それぞれの旅路へ戻っていきました。

都会の中でのこうした自然的瞬間《ネイチャー・モーメント》は、いまではほとんど当たり前。毎日のように海に浸かり、自転車に乗る時にはなるべく海沿いの道や、公園や森の中を走るようにしているので、日常的に自然と触れあう機会があるのです。

自転車のおかげで私はいま、生き生きと気持ちの良い日々を過ごしています。また、**自転車に乗りはじめてからというもの、車やバスの時とは違い、外の世界に注意を向けるようになりました。**ですから目に映るもの、すべてが新鮮で、驚きの連続です。日の光や木々の葉や雪を見て、写真におさめたくなり自転車を停めることもあります。感謝の気持ちも生まれてきました。晴れた日の喜びは以前よりずっと大きい。だって、いつでも手に入るものではないのですから。

毎日自転車に乗っていると、四季の移ろいをじかに経験し、これまで気にもとめなかった自然界の現象に感動を覚えます。たとえば、海沿いにできる氷は、そこが岩場か砂地かによって形が違うということ。雪はぬかるみとなって人を困らせるけれども、一方で時に息をのむような美しさを生み出すということ。その冬最初に降った雪を見て、しみじみと心打たれることもありました。

以前、ハンヌ・リンタマキが冬の魅力について語ったことを思い出します。

「冬の姿は毎年異なり、冬がつくり出すピュアな氷もまた、永遠に姿を変え続ける。だから興味が尽きないのです」

フィンランドの人々は、太陽が出るやいなや外へ飛び出し、光を精一杯味わおうとします。冬は特にそれが顕著なのですが、実はこの国に来て最初の数年は、「なぜそれほどまでに?」と疑問に思っていました。

北欧の太陽は、暗い冬のあいだは貴重な存在。それが夏になると、人々を永遠に照らしはじめます。そのダイナミックな光の変化が、いまでは私のインスピレーションの源です。

自転車に乗りはじめてから、寒さとの向き合い方も変わりました。もういまは、冬を不便な季節だとは思いません。ずっと昔、おだやかな気候のバンクーバーから寒さの厳しいトロントに引っ越した時には、分厚い上着を2枚重ねにして冬を過ごしたのですが、それはそれは不便でした。

どしゃぶりの雨の日だって、自転車は「シス"」を鍛える良い運動です。ええ、乗れますよ!

天気を言い訳に自転車を置いて家を出ようとは思いません。小さな子どもがよく、水たまりに飛び込む楽しみのために進んでレインブーツを履きますよね。私もそれと同じです。雨でも自転車に乗ったほうがずっと気分が良くて、幸せでエネルギッシュになれるのです。アドレナリンがどっと出て、身が引き締まる空気の中で身体を動かせば、その日1日を乗り切るパワーが沸いてきます。運動と新鮮な空気によって脳が活性化され、どんな苦いコーヒーだってこれにはかないません。荒々しい自然が、私に力をくれるのです。

自転車で「シス」を鍛える Cycling sisu

最初の職場で出会った同僚たちは、その振る舞いを通して、北欧の実用を重んじる精神について——そして「シス」について——私に多くを教えてくれました。自転車に1年中乗る同僚たちに共通する、強い心と前向きなエネルギーに気づいたのもこの時です。

中には、往復18キロの道のりを自転車で通勤する人もいました。しかし日々の通勤や天候について不満を漏らす人はわずかで、それよりも、大半の人は、みずからの勇ましいエピソードや役立つ知識を披露し合っていました。たとえば、「みぞれが降っている日は、スキー用メガネかゴーグルで視界を確保するのが一番だよ」といった具合です。また、通勤ルートに森がある人の場合、こんな野生動物を見た、あんな生き物も目撃したといった、ワクワクするような体験談を語ることもしばしばです。

同僚たちは、リュックやパニア〔自転車に取り付け可能なバッグ〕で着替えを持参し、タオルや洗面用具を職場のロッカーに置いていました。それにより、毎朝リフレッシュしてから仕事をはじめられるというわけです。そしてほぼ誰もが、さまざまな天候に応じた通勤装備を持っていました（徒歩通勤の人や、はたまたスキーで通勤する人の場合も同様です）。これは私の以前の都会暮らしでは考えられなかったことです。しかし少しずつ同僚を真似して――というより、もはや必要に迫られ――私も道具一式を揃えました。たとえばマイナス10度の日に自転車に乗るには、次のようなアイテムが必須です。ヘルメットの下にかぶれるあたたかい帽子、しっかりとした手袋と靴、防水性と断熱性にすぐれたジャケットとズボン。

私はヨポのビンテージ自転車を卒業し、中古のヘルカマ・アイノを購入しました。この頑丈な黒の自転車は、1920年代から変わらぬデザインを守り続けています。その後、数年前に奮発して同じモデルの7段ギア付きの新品を買い、今日まで愛用しています。買い換える予定はありません。夏に街中を走りやすいのはいうまでもないですが、冬が訪れ、ヘルシンキがところどころ氷で覆われるようになると、この自転車は本当に頼りになります。というのも、この手のスパイクタイヤ付き自転車は、普通よりやや車体が重いのですが、タイヤが氷の表面をしっかり掴むので、自分の足で歩く以上に安定感があるのです。

私の自転車は、北欧の実用性を重んじる精神もよく表しています。派手さはなく、機能も必要最低限。しかししっかりつくられていて信頼でき、目的地まで気軽にささっと移動するには、ぴったりの乗り物です。また、この自転車を購入したのは、生活をシンプルにするためでもありました。良い自転車に投資して長く使えば、数年単位でガタがくるたびに買い換える必要はなくなります。

自転車や徒歩で通勤している人からは、どことなく、ほかの人より元気で明るいオーラを感じます。なので、しばらくして私は、編集室やニュースルームで働く人々のうち、誰が自転車または徒歩通勤なのかを予想できるようになりました。暗い冬になると、季節性感情障害にかかる人もいて、また、そうでなくても全体的に沈みがちになるのですが、そういう時期には特に違いがわかります。

「シス」を鍛えるこのアクティビティはいまでは、毎日の海水浴と同じく、私の習慣になっています。それは幸福への投資です。自転車を走らせて職場に向かうと、目が覚めて、血の流れが良くなります。頭がさえ、いろいろなアイディアを思いつきます。そして1日の終わりには、ふたたびペダルを漕いで、ストレスを吹き飛ばします。

ウェルビーイング〔心身の充足感〕の維持という利点に加えて、自転車には、副次的なメリットもたくさんあります。坂道を漕げば太ももとふくらはぎの軽い筋トレができますし、ちょっとした心臓トレーニングにもなります。だから私はほかの運動をまったくしない場合は、自転車を取り入れます。仕事先のひとつに片道30分かけて自転車で行けば、たちまち毎日1時間分のエクササイズになるのです。

日々自転車に乗っていれば、デザートをつまむことも許されます。一時期、ヘルシンキの交通ルート検索サイトには、公共交通機関の代わりに自転車を選んだ場合チョコレートをいくつ食べられるか、計算表示してくれる機能がありました。

習慣的に自転車に乗ることの健康面でのメリットやそのほかの効果に関しては、近年、とても多くの研究がなされています。たとえば、2016年にアメリカ心臓協会誌に掲載されたスウェーデンの研究によれば、自転車通勤は高血圧、肥満、高コレステロール、糖尿病のリスクを低下させます。また2016年に発表されたデンマークの研究では、1週間に1時間の自転車走行が心臓病のリスクを軽減することがわかりました。

自転車がもたらす恩恵　The benefits of the two-wheeler

私は北欧的な「贅沢」の定義をこう考えるようになりました。**車を持たず、整備や給油、保険、駐車代など一切の関連費用がかからないこと。**これは北欧やヨーロッパの多くの地域では比較的普通の価値観ですが、車中心の文化で育った人にとっては、思考の転換です。

なにも車を毛嫌いしているわけではありませんし、私は自転車の啓蒙家でもありません。しかし自転車は、交通渋滞、大気汚染、運動不足が引き起こす健康問題など、今日の世界が抱えるさまざまな課題をもれなく解決してくれると思うのです。

自転車のメリットに関するまとまった記述として、コペンハーゲン未来研究所の『シナリオ・マガジン』の記事があります。「自転車――未来の交通手段」と題された2013年の特集記事では、デンマークの未来学者、クラウス・エー・モーエンセンが、この質素な二輪の乗り物が、ほかの輸送手段に比べていかにすぐれているかを力説しています。

「自転車は、気候変動、ピークオイル（世界の石油生産が近い将来ピークに達しその後、減少に向かうという説）、肥満の蔓延、都市部を中心とした人口過密などの問題に直面するこれからの世界に最適の乗り物である。輸送手段としてシンプルで、組み立てや修理が容易にでき、環境を汚染せず、密集した都市空間でも場所を取らない。また、化石エネルギーや原子力エネルギーを必要とせず、運動不足と食べ過ぎに悩む人々の良いエクササイズにもなる。そして、少量の短距離輸送に関して、これほど良い手段はない」

ヨーロッパの中ではオランダが世界屈指の自転車先進国として知られ、北欧では、デンマークの首都コペンハーゲンが２０１６年に、自転車の数が車の数を抜くという快挙を達成しました。実際、デンマークの骨太な政治ドラマシリーズ「コペンハーゲン（原題：Borgen）」では、政治家やジャーナリストをはじめとする多くの主要キャラクターたちが、１年を通じて自転車にまたがり街中を颯爽と走る姿が見られます。

一方、ヘルシンキは、２０２０年までに自転車による移動を全体の15パーセントまで引き上げることを目標にしています。現在の数字は約10パーセント。「世界的に見れば良いほう」と語るのは、シティサイクリング・コーディネーターのニクラス・アアルト＝セタラ。彼は赤みがかった類が印象的な20代半ばの青年です。

「コペンハーゲナイズ（自転車文化と交通を専門とする都市計画コンサルティング企業）によれば、ヘルシンキは世界のトップ20に入る自転車都市です」と彼はいいます。

ヘルシンキは野心的な計画を掲げています。それは、２０２５年までに市内中心部をほとんど完全に「車のない状態《カー・フリー》」にすること。そのために、あらゆるシェアリング交通（車や自転車などをシェアするシステム」と公共交通機関をひとつのネットワークに統合する「モビリティ・オンデマンド構想」を進めています。徒歩と自転車の促進はこの計画における中心トピックです。

この構想の目的のひとつは排気ガスを削減することですが、実は人々の健康にとっても大きなメリットがあります。ヘルシンキ市が発表した2013年版の「自転車の便益と費用に関する報告書」によると、自転車に年間2000万ユーロ投資をすると1：8の費用対効果があり、つまり1ユーロの投資から8ユーロ相当のメリットを得られるといいます。

そのメリットとは何なのか、アアルト＝セタラに尋ねました。

「**自転車が健康に良いことはすでに証明されています。**人々が車やバスに座る代わりに積極的にペダルを漕ぐようになれば、医療費が大幅に節約できる。また、運動は脳の活性化にもつながります」

「たとえば、自転車に乗ると、心血管疾患やうつ病のリスクが軽減されます。そして人々が医者にかかる回数が減ると、医療費全体が削減されます。なお、より正確には1ユーロの投資で7・8ユーロ分の節約に。これは非常に効率的です。ほかのインフラ投資計画と比べても高い数字といえます。ただ、もっと高い例もあって、イギリスでは似たような費用対効果を1：14としています」とアアルト＝セタラは説明します。

「また、都市の中心部に自転車ルートを新設すれば、人々は目的地までより早く移動できるようになり、時間を節約できますよね。移動時間の節約はすなわち、コストの節約です。ほかに、環境上のメリットもありますが、それは具体的に示すのがなかなか難しいですね」

さらにアアルト＝セタラはいいます。

「自転車大国のデンマークとオランダのあとに続くべく、私たちは、『7歳の子どもが自転車で行き来できるインフラ』を指針に掲げています。7歳の子にとって安全であれば、誰にとっても安全。それであれば、80歳の高齢者だろうと誰もが、自転車で移動することができます」

マイナス20度でも楽々と　Icy cycles

フィンランドの全国調査によると、自転車は、ウォーキングに次いで2番目に国民に人気のスポーツです。

冬でも自転車に乗る「ウィンターサイクリング」文化は、フィンランドの多くの地域で深く根付いており、北極圏の気候をものともせず、みんな楽しそうにペダルを漕いでいます。以前、フィンランドの北の地域を旅行した際に私は、小さな子どもから80代のご老人まで、あらゆる世代の人々が、雪の積もった通りを意気揚々と自転車で走る姿を目にしました。

フィンランドでは、昔ながらのシンプルなママチャリ（フィンランド語では「mummopyörä《ムンモプオラ》」

といいます）が、全年代から人気を集めています。ギアがなく誰でも乗れますし、驚くほど頑丈で厳しい気候に耐えることも、人気の理由なのでしょう。

コールド・セラピーの権威、ハンヌ・リンタマキを訪ねてオウルへ行った際、私はティモ・ペララに会いました。2013年にオウルで世界初のウィンターサイクリング国際会議を組織した中心人物です。

彼のツイッターのプロフィールには、「都市の健康と幸福をデザインする」と書いてあります。なぜ自転車愛好家《サイクリスト》になったのか、ペララに尋ねました。

「いやいや！　オウルでは誰も自分のことを自転車好きとは思っていませんよ。ここでは、それが普通の手段なんです」

ペララがこの分野に職業的関心を抱いたのは、土木工学を学んでいた2000年代初頭でした。旅行先で彼は、多くの国では自転車があまり活用されていない事実に気づきました。そこで、自転車を専門にしようと決意。今日、彼は「ナヴィコ（Navico）」という地方自治体の土木事務所のCEOを務め、公的機関や民間企業と協力してコミュニティ活性化の問題に取り組んだり、自転車道の整備状況を監視したり、1年を通じた自転車利用を促進するためのサービスを開発したりしています。

「世界中の都市が、ウィンターサイクリングに注目しはじめています」と語るペラは、オウルのサイクリング・コーディネーターという肩書きも持っています。冬が8ヶ月も続くオウルですが、ここでは1年中自転車に乗る人が22〜27パーセントもいます。その数字を支えているのは、広範な自転車道。オウル市内には613キロものサイクリングロードがあり、うち98パーセントは年間を通じて通行可能で、そしてすべての自転車道は常に街灯で照らされています。

〜

ウィンターサイクリングに関する国際的なデータを探していると、2016年の『ガーディアン』紙の記事を見つけました。記事の中では、自転車活動家でコンサルタントかつデザイナー、ペラの仕事仲間でもあるカナダのアンダー・スワンソンが、ウィンターサイクリング文化の国際比較を行っていました。

スワンソンによれば、18歳未満が統計から外されている都市もあるため比較は容易ではないそうですが、しかしながら記事の中で彼は、ウィンターサイクリングの普及率を比べ、オウルが北アメリカのどの都市よりも自転車に優しい都市だと結論づけました。また、仮にポートランドやミネアポリスなどの夏の数字と比較しても、やはりオウルは一番の自転車都市といえるそうです。

スワンソンによるとオウルでは、12歳未満の子どもの30パーセントが1年中自転車に乗っています。

なぜオウルは、ウィンターサイクリングに適した都市になったのでしょうか。

ペララに尋ねると、理由のひとつは1960年代の車中心モデルに対する反動だといいます。

「都市計画に携わっていた人々はその時、オウルにはもっと自転車道と歩道が必要だと気づいたんです」

「すぐれた自転車都市においては、人々は目的地に向かってまっすぐ自転車で移動でき、一方車では、より長い道のりをくねくねと運転することになります。たとえば、オウルで新しい住宅地が建設されるとしましょう。すると、より多く整備されるのは車道ではなく、自転車道と歩道です。オウルは公園や緑地もたくさんあるので、自転車で街の中心部に出かける人は、海沿いの道や緑ゆたかな道を走ることができます。それは楽しく、かつ最も実用的なルートです。そうあるべきなんです。でないと、みんな使ってくれませんから」とペララはいいます。

「世界の多くの都市では、計画の時点で自転車ルートが考慮されておらず、歩く道さえ、ないがしろにされている場合もあります。しかし関心は年々高まっていて、変えていこうという動きはあります」

「極端なアプローチ、つまり、車を禁止するやり方はうまくいきません。車はさまざまな場面で役に立ちますよ。一番良いのは、ポジティブな面から攻めること。『車は悪い』ではなく、『自転車には多くの環境上・健康上の利点がある』と」

ペララの話では、世の中のため、あるいは自分の健康のために習慣を変える人は——心臓発作などの病気で何らか変調をきたさない限り——全体の1パーセントほどだと示す研究があるそうです。

「つまるところ、容易さの問題です。車が一番簡単な選択肢なら、人はそれを選ぶでしょう」とペララはいいます。また彼は、インフラを整える際に大事なのは、社会の全員が利用できるようにすることだと強調します。「何を計画するにしても、子どもとお年寄りが使えるかどうかを基準にします。そうでなければ、一部の人だけのものになってしまいます」

ペララは5歳の娘とともに1年中自転車に乗っており、インターネットで動画を公開しています。それを見ると、雪の中を自転車で走るのはとても簡単なことだとわかります。たとえ気温がマイナス20度を下回っていても。

「娘は2歳の時から自転車に乗っています。娘とのサイクリングは、時間は倍かかるかもしれませんが、そのあいだたくさん会話ができてとても楽しいのです。もちろん、極めて安全な場所で乗っています。このあたりは交差点はわずかで（地下道や陸橋がたくさんあるのです）、坂道もほとんどありません」

ペララのやり方は、幼い子どもに実用的な「シス」感覚を教えるひとつの良い例です。外で親子の充実した時間を持つことができますし、身体も動かせて、子どもの独立心を育むことにもつながります。

私が母としてとても誇らしかった瞬間のひとつは、こちらが何かいう前に息子のほうから、冬用タイヤが欲しい、1年中自転車に乗りたいんだと、せがんできた時でした。

みんなのエクササイズ Exercise for everyone

自転車は日常的な「ながら運動」としてもすぐれています。

ペララは次のように説明します。「多くの人は忘れがちなのですが、たとえば、もしトライアスロンのトレーニングをしたければ、まず必要なのは、基礎的な筋力や持久力です。基礎が何より重要で、その点、ウォーキングと自転車は最適な運動です。もちろん一番簡単なのは、日常動作の中で無理なくできる、ながら運動。2型糖尿病など、疾患に悩む人は年々増えています。それに、座る時間の長い私たちのライフスタイルと、子どもを常に車で送迎しようとする親たちによって、子どもたちはますます非活動的になっています」

「スポーツやエクササイズに励むのは良いことです。ただ、誰かに対価を支払って運動するということは、自分の健康を他人に預けるということですよね」とペララはいいます。

どうしたら人々はもっと身体を動かせるでしょうか？

「毎日少しずつ。そして、日常の習慣の中で行うことがポイントです」とペララ。「たとえば車に乗る際に、ほんの少し遠くに車を停めて、そこから歩くだけでもいいかもしれません。なにも、みぞれの日にいきなり20キロ歩く必要はありません」

ペララは、「ラヒラヒナ（Lähirähinä）」（「近所でワイワイ」といったニュアンス）をはじめとするいくつかの地域プロジェクトに取り組んでいます。「ラヒラヒナ」が目指すのは、親と子どもたちに、近所でより気軽にスポーツを楽しんでもらうこと。

「車で子どもをスポーツクラブや遊び場に連れて来た親たちは、子どもが活動しているあいだその辺に座って携帯電話をいじっているんです。そして終わると車で帰宅。それが〝親子一緒の〟時間だというのですが、とても違和感を覚えたのです」

ペララは続けます。

「現代の非常に慌ただしいライフスタイルの中で、車は私たちを助けてくれもしますが、一方で、人生を過度に奪っている面もあります。また、子どもたちが画面を眺める時間が長いことも気がかりです。しかし禁止しても意味はなく、むしろ、テクノロジーを活用して運動を助けたり、アクティビティを盛り上げたりすれば良いと思います。たとえば、人の動きに反応するデジタル情報を床や壁に投影して、インタラクティブな屋内ゲームをつくれば、遊びを通じて自然と身体が動かせます」

「私たちが抱える多くの問題は、私たち自身がつくり出したものなのですから」

私もまったく同意見です。

〰

車ではなく自転車を選ぶメリットとして、健康面と環境面のほかに、友人のティーナは別の見方をしています。

「車で長い時間を過ごすと、社会や人や世界から切り離された感じがするの」とティーナはいいます。彼女は、公共交通機関を使うのは、現実世界とつながる手段だと考えています。

「トラムやバスでは、酔っ払いとかあまり関わりたくない人にも遭遇するけれど、それでも、自転車に乗っている時と同じで、世界に参加できるでしょう。周囲の人が視界に入り、その空間を体験できる。でも車は、孤立した金属箱よ」とティーナ。彼女も1年中、自転車に乗ります。

ティーナは、2週間に一度、夫と共用の車に乗り、まとめて用事を済ませたり、コテージに出かけたりしています。

自分も景色の一部になるという意味で、自転車には社会的側面があります。ペダルを漕ぎながら友人や隣人に声をかけ、知り合いを見かけて時間があれば、自転車を降りておしゃべりをすることも。

友人のリーッカも自転車に乗るのが大好きで、特に冬についてこう語ります。

「冬に自転車に乗るのは、スキーと同じで、実用的なエクササイズのようなもの。一度夢中になると、もうトラムやバスには乗れない」

リーッカも家族で車を持っていますが、にもかかわらず、約2・5キロ離れたところにある職場まで自転車で通っています。車で行くよりもずっと簡単で早いからです。

「寒くないの？って聞く人がいるのだけど、動いているから、停留所でじっとトラムを待つよりもあたたかいのよ」とリーッカはいいます。「雨や風に強いアウトドア用のパンツやコート、手袋を身につけていれば、まったく難しいことではないの。まあ、あまり、女性らしくはないかもしれないけれどね」と、リーッカはいいました。

念のためつけ加えると、私はその後ある冬の日、スカートにウールのタイツを合わせ、とてもエレガントに自転車に乗るリーッカを見ました。

実はリーッカが自転車に乗るライフスタイルになったのは、田舎の家を売りに出し、都心に近いコンパクトなマンションに住み替えたことが関係しています。

「田舎で広い家に住んだら自然に近い暮らしができるって想像していたのだけど、結果は、運転時間が長くなっただけだった。というか、どこへ行くにも車で、自転車じゃどこにも行けないの。一番近くのスーパーでも8キロ離れているんだから」リーッカはいいます。

「都会の機能的なライフスタイルがすごく恋しかった。ここに越してきたおかげで、いまの私は昔よりずっとアクティブよ」

心を満たす乗り物　The joy of biking

健康上のメリットもさることながら、私が自転車に乗る理由はシンプルです。

それは、幸せを感じるから。

長いあいだ、人間の感情をめぐるさまざまな本を読んできました。たとえば、グレッチェン・ルービンの『人生は「幸せ計画」でうまくいく!』（花塚恵訳、サンマーク出版）や、アンドリュー・ソロモンの『真昼の悪魔――うつの解剖学』（堤理華訳、原書房）などです。ヨガもやり（楽しいです）、瞑想にもトライしました（上手にはできませんが）。

どうやら私は、身体を動かすことと本を読むことを通して、心の平穏を見つけるようです。

人はどのようにして幸せを掴むのか――私はその千差万別のアプローチを知ることによって、自分自身の幸せを見つけようとしてきました。そしてその企てから得られた答えは、実に多くの人が、助けてくれる友人や家族がいて、生きがいがあり、シンプルで健康的でバランスのとれた生活を送っている時に幸せを感じるということでした。何で生きがいを感じるかは、やりがいのある仕事、人の役に立っていると感じられる活動、コミュニティへの帰属意識を持てる活動など、さまざまです。

もちろん、幸せの定義は人によって違うのですから、哲学者でもない私が、幸せになる方法を解明したなどというつもりはありません。それに、このテーマを語るには、もっとふさわしい人物たちが何年も研究を重ね、山のように本に記してきたのです。

2017年に発表された「世界幸福度ランキング」（155ヶ国を対象に2014年から2016年の平均値を算出）を見ると、フィンランドはノルウェー、デンマーク、アイスランドの北欧勢に次いで5位（2018年の同ランキングではフィンランドが1位）。4位はスイスでした。この調査では、社会的支援の充実度、健康寿命、人生選択の自由度などを分析し幸福度を測っています。

ところで、もしあなたが冬のさなかにヘルシンキに降り立ち、トラムに乗り込み無表情のフィンランド人の一群に遭遇したら、このランキングがいう「幸福」とは一体何なのかと、首をかしげるかもしれません。

一般的にフィンランド人は、第一印象ではシャイに見られがちです。特に、見知らぬ人と気軽に雑談する文化から来た人からすると、無愛想にすら感じられるかもしれません。しかしこの控えめな態度は実は、他人の空間に対する敬意と配慮からきています。

ひとたび打ち解けさえすれば（そんなに難しいことではありません）、フィンランド人は本当はとても優しく、親切でフレンドリーな人たちです。


フィンランドにやって来た当初、同僚の女性をつかまえて、なぜフィンランド人はあまり笑わないのか尋ねたことがありました。すると彼女はしばらく考えてから、答えました。

「みんな心の中で笑っているのよ」

最初は彼女のいっている意味がよくわかりませんでした。しかし時が経つにつれて、フィンランド人の静かな態度と内向性は、文化的な規範なのだと——北欧のほかのいくつかの国でも同じ特徴が見られました——考えるようになりました。この国では、笑顔を振りまいて、自分の幸せをアピールしながら歩くのは単に常識外れな行為なのです。これには良い面もあります。それは憂うつ《メランコリー》が、社会的に受け入れられているということ。

つまり「幸せそうであれ」というプレッシャーが少ないのです。トーベ・ヤンソンのあの愛すべきムーミン谷の住人たちだって、憂うつを抱きしめています。彼らは時にはおいおい泣いて、良いことも悪いことも人生の一部なんだ、大丈夫なんだと受け入れます。この国では、憂うつな私でいたって良いのです。時々は。

幸せは求めるのではなく生きること Happiness through living, not searching

ここまで私は、幸せのありかについて、自然、フィジカルな活動、家族、友人、学び、仕事といったものに目を向けてきました。しかし、ひとつ見落としている場所があったようです。『ボウリング・フォー・コロンバイン』でアカデミー長編ドキュメンタリー映画賞を受賞したアメリカの映画監督、マイケル・ムーアは2015年のドキュメンタリー『マイケル・ムーアの世界侵略のススメ』の中で、世界の国々を訪れ、医療やセックス、平等問題にいたるまで、各国のすぐれた部分を取材しています。

マイケル・ムーアはヘルシンキの小学校で教師たちに会い、フィンランド教育の成功の秘密を探ろうとします。アメリカとフィンランドでは一体何が違うのか。熱い議論の中で、ひとりのフィンランド人教師が、こういいました。「学校というのは、幸せを見つける場所です。子どもたちはここで、どうしたら自分が幸せになれるのかを、学ぶのです」。この言葉は、いまでも強く印象に残っています。

教育学者パシ・サルベリは、著書『フィンランド教育2・0（Finnish Lessons 2.0）』の中で、読み書きの力や教養が、幸せのひとつのカギだと述べています。彼は1870年代のフィンランドの古典文学、アレクシス・キヴィの『七人兄弟』を引き合いに出し、こう書いています。「両親を亡くした兄弟たちはこの小説の中で、教養こそ幸福への道なのだと気づく」

サルベリはさらに続けます。「読書は、当時からいまにいたるまでずっと、フィンランド文化にとって不可欠の要素である。フィンランドは、教育によって国民の読み書きレベルを押し上げ、また、教育の力で、文化的にも技術的にも世界に知られる国へと成長を遂げた」

フィンランドは世界でも有数の読書大国で、図書館の本の貸し出し数は世界トップレベル。ここでは、誰もが読んでいます。新聞も本も雑誌も、職業や階層に関係なくあらゆる人が読みます。公立の図書館にはさまざまな言語の本が揃えられ、英語で書かれた海外の新刊もよく見かけます。一般向けの無料イベントや朗読会も盛んに行われています。また私は、街の書店イベントでこれまで数々の一流作家たちの話を聞きました。ポール・オースター〔アメリカの作家で詩人。1985年から1986年の『ガラスの街』『幽霊たち』『鍵のかかった部屋』で一躍脚光を浴びた〕から、ドナ・タート〔アメリカの作家。『ゴールドフィンチ』で2014年ピューリッツァー賞を受賞〕、ナオミ・クライン〔カナダのジャーナリストで活動家。1999年の『ブランドなんか、いらない』が世界的ベストセラー〕、マイケル・カニンガム〔アメリカの作家。『めぐりあう時間たち』で1999年ピューリッツァー賞を受賞〕、アラヴィンド・アディガ〔インドの作家でジャーナリスト。『グローバリズム出づる処の殺人者より』で2008年ブッカー賞を受賞〕まで。ここに挙げたのは、ほんの一部です。

フィンランドには「Onni ei tule etsien, vaan eläen《オンニ・エイ・トゥレ・エツィエン、バーン・エラエン》」ということわざがあります。これは、**「幸福は探し求めるものではなく、生きることにある」**という意味。私はそこに、こう加えます。

「幸福は探し求めるものではなく、生きること、そして、読書と自転車によってもたらされる」

本を読むこと、自転車に乗ること。それはひとりでも、友だちと一緒にでも楽しめます。そしてどちらも「シス」を成長させてくれます。読書は、未知への旅と深い思考体験で心を刺激することによって、そして自転車は、身体の動きと物理的な移動で肉体を刺激することによって。よく読み、絶えずペダルを漕いでいれば、心はみずみずしく喜びであふれ、内面的にも、そして実際的な意味においても、新たな地平からまったく新しい景色を見ることができる――そんな風に思うのです。

自転車と「シス」 Cycling sisu

- 自転車は、運動不足、気分の落ち込み、ストレスといったさまざまな悩みに効果的です。創造力を引き出し、脳の動きも活性化させます。
- 移動手段として自転車を使えば、時間とお金の節約にも。
- ヘルメット、レイングッズ、ライト、リフレクター（反射板）など、必需品の標準セットを揃えましょう。一度揃えれば、よりスムーズに、毎日または毎週の習慣にすることができます。
- あくまでも楽しく（トライアスロンではありませんから）！ 1日数キロ、あるいは1週間に数キロだって、十分です。
- 仲間を見つけましょう。誰かと一緒なら、より楽しく、続けやすくなることも。
- 街中で自転車に乗るのが難しい場合は、近くの森や、サイクリングロードのある公園へ出かけるのはいかがでしょう。

CHAPTER 9

「身体を動かす」が薬の代わり

The benefits of movement as medicine (and incidental exercise)

身体の痛みも心の痛みも薬がほぼすべて解決してくれるという考えを、当たり前に思って育ちました——ドラッグストアで手に入れるにしろ、病院で処方されるにしろ。

その思想はいまだ広く存在しています。アメリカのテレビ番組を1時間も見れば、存在すら知らなかった病気も含め、自分はありとあらゆる病気になり得るのだと思い、そしてすべては、薬によって治療できるのだと思わされます。北アメリカでは、オピオイド（しばしば慢性痛患者に処方されます）などの処方薬の消費量が多く、そのことが、「オピオイド危機」〔オピオイドの乱用や過剰摂取、中毒死の増加などの問題を指してこう呼ばれる〕の一因になっています。国際麻薬統制委員会によれば、2016年のひとり当たりのオピオイド使用量は、アメリカとカナダが1位、2位を独占しています。

北アメリカにいた頃、私はさまざまな薬の世話になりました。10代では、痛み止めとして処方された鎮痛剤と抗生物質を、20代で最初にうつ病と診断された時には、その深刻な症状から脱する手立てとして抗うつ剤を飲みました。20代後半と30代前半には、処方された抗不安薬を常用していました。

薬という形で医学の恩恵を受けることに疑念を抱いているわけではありません。薬を飲むかどうかは本人と医師が決めるものですし、私自身、人生の難しい局面で、少量の抗うつ剤に助けられた経験は一度ではありません。

しかし、北欧で暮らすようになってから、こんな考えが浮かんできたのです。もしかすると薬に頼る――あるいは、ベッドに潜り込みすっぽり毛布をかぶってしまう――以外の方法で、頭痛や生理痛などの身体の痛み、不安感などの心の痛みに対処することができるのではないか、と。

具体的に何かできそうだと思いはじめたのは、フィンランド人ならおそらく誰もが知っている2つのコンセプトに出会ったことが関係しています。

「liike on lääke《リーケ・オン・ラーケ》」（“movement is medicine” 身体運動は薬）と「hyötyliikunta《フヨトゥリークンタ》」すなわち「ながら

運動」です。

しかしこれらに出会うより先に、私はある驚きの体験をします。これが、薬以外の方法を探す発端になったのでした。

〰

2000年代はじめ、フィンランドに移住して数ヶ月後のある日。私は会社の健康診断を受けました。内容は、心と身体の健康状態確認と、作業療法士のもと、ワークステーション〔立っても座っても作業が可能な可動式デスク〕使用時の座り姿勢と立ち姿勢をチェックするものでした。

当然のように私はカナダ時代の処方箋を持っていきました。同じ薬を出してもらえると思ったからです。私にとって抗不安薬は、仕事、遠距離恋愛、海外移住――当時は、1、2年の期間限定でと思っていました――などの不安を乗り越える上での安心毛布のようなものでした。

診察室で医師との面談があったあと、最後に投薬のセクションに行きました。するとそこで、医師から驚くことをいわれました。私が飲んでいた抗不安薬は非常に依存性が高いというのです。その先生は、私に薬の継続を認める代わりに、まず軽い運動やトークセラピーなど、より自然な治療法によって、不安を引き起こす根本原因に対処するよう勧めました。どうしても必要ならその時は、別の種類の抗不安薬を処方するともいわれました。

しかし、疑問が沸いてきました。新しい錠剤に手を出す前に、ほかの方法をいくつかトライしてみることは可能だろうか。

その場に座ったまま、考えました。思い返せばフィンランドへ来てからの数ヶ月、たくさん身体を動かしてきれいな空気を吸うようになり――職場との往復に自転車を漕いだりしただけですが――生活バランスがやや改善したおかげで、薬の量は前よりずっと少なくなっています。薬という形で安心のよりどころを持てない恐怖といったら、すごいものです。

でも、やってみようと思いました。

ちなみに私はフィンランドで何度か、抗不安薬をすぐには処方しない医者に出会っています。さまざまなシチュエーションで、さまざまな医師たちが、より健康的な選択肢としてトークセラピーや運動を提案し、また、抗不安薬の副作用や起こり得る問題点――特にうつ病になりやすい人にとっての懸念点――について、時間をかけて私に説明しました。

だからといって、フィンランドの人々が処方薬や抗不安薬を服用しないというわけではありません（実際、服用しています）。ですがこの経験が、薬との付き合い方を見直すきっかけになりました。それ以降、私は運動によって薬を減らし、最終的には抗不安薬を完全に手放し、鎮痛剤を飲む頻度もずっと少なくなりました。

フィンランドは生活の質が高い国ランキングで上位に選ばれていますが、しかし世界の多くの地域と同様、うつ病に苦しむ人は大勢います。

国立健康福祉研究所によれば、フィンランド人の5人に1人は、生涯のあいだにうつ病にかかります。比較として、たとえばカナダの精神保健委員会によれば、カナダ人の5人に1人が、何らかのメンタルヘルス系の問題や精神疾患を経験します。

悲惨な気持ちはどこから？ The source of my sadness

時が経つにつれ、私のうつ病の根は多くの要因から来ていることがわかってきました。ひとつには私の場合、〝動揺〟が関係している。また、鈍感のフィルターを持ち合わせていないため、世界の悲惨さを敏感に受け止めすぎてしまう面もあります。気分が落ちている時には、通りを歩いていて見るからに無一文の人――おそらくホームレスと思われる人――が目に入っただけで、とたんに気持ちが下降し、かつては誰かの赤ん坊であり子どもだったその人に一体何があったのだろうと、悲しくてたまらなくなってしまいます。

自分をきつく責め、まだ完璧じゃない、もっとできるはずだと常にプレッシャーをかけている面もあります。最悪のシナリオを考えて気をもむ傾向もあり、それは不安症やうつの場合にもよく見られる特徴です。

子どもの頃から10代、そして20代前半まではほぼずっと、まわりにうまくなじめず、自分以外の誰かになりたいと願っていました。

自分をありのまま受け入れられるようになったのは、40代になってからのこと。私はどこにも根を持たないアウトサイダーなのだと受け入れました。実際、それは良い面もあるのです。インドでもアイスランドでも、どんな場所でも関係なく人生のシナリオを書くことができますし、多角的に物事を見ることができるため、仕事の上でもプラスです。


大きな転換点となったのは、私の気分の落ち込みは病気であり、生活習慣の心がけ次第でコントロールできる問題なのだと受け入れたことでした。魔法のように一瞬で治すことはできませんが、しかし、家事や仕事が完璧でないからとストレスを感じたり、憂うつになったりした時には、フィンランド流のレジリエンス〔立ち直る力〕、「シス」を呼び起こし、行動を取ります。疲れや痛みを感じたら、木々が立ち並ぶ海岸沿いの道を軽く歩くか、海にさっと浸かる。それくらいシンプルなことを実行するだけで、下向きのスパイラルを食い止め、より深刻な問題に発展するのを防ぐことができます。

軽い動きも立派な運動 Movement as medicine

薬を減らすのに役立った2つの思想のうちひとつ目は、「身体運動は薬になる《ムーブメント・アズ・メディシン》」という考え方でした（フィンランド語で、「liike on lääke《リーケ・オン・ラーケ》」）。健康のためにはお金をかけて難しいフィットネスメニューをこなさなくてはいけないという思い込みを取り払ってくれたのも、この考え方です。

このコンセプトにおいては、「身体を動かすこと」が病気の予防や治療につながり、ウェルビーイング〔心身の充足感〕の維持全般と健康改善に役立つと考えます。たとえば、肩と首の筋肉が長い時間緊張にさらされると頭痛の原因になりますが、筋肉を伸ばし強化することによって、痛みを抑えられ、場合によっては頭痛を初期で食い止めたり、発症頻度を減らしたりする効果も期待できます。

週に数回軽いウォーキングをする、エレベーターの代わりに階段を使う、職場でストレッチ休憩を取り、腕を軽く回したり頭上に伸ばしたりする——そんな簡単な動きでも、習慣的に行えば筋肉や関節、骨に良い影響があり、血行も良くなります。長時間座っている生活の中でこうした対策は不可欠です。

同様の思想はほかの文化圏でも多く見られ、歴史は古代までさかのぼります。しかしフィンランドでは、民族に受け継がれる知恵として、この考えが広く知られています。ですから私は、**たとえ少しの身体運動でもすばらしい健康効果があることを、フィンランド文化を学ぶプロセスの中で知りました。**そして心身の健康のために必ずしも、きついフィットネスプログラムを行う必要はないのだと理解したのです。私は毎日、シンプルで簡単で効果的な手段をいくつか、選べば良いだけです。

ながら運動 Incidental exercise

フィンランド人の多くが持つもうひとつの知恵は、ながら運動（フィンランド語では「hyötyliikunta《フヨトゥリークンタ》」）。週に数回あるいは毎日行われる、運動そのものではない身体を使った活動です。掃除、通勤時の自転車や歩行、雪かき、落ち葉掃き、薪割り、子どもとの遊び、階段昇降などはすべて、良いながら運動です。

私が行っている海の冷水浴《コールド・ディップ》も、「身体運動は薬」の良い実例です。いつも朝か夕方に海に行きますが、日によっては1分、あるいはそれ以下のわずかな時間しか行うことができません。距離を長く泳ぐことや、激しい運動を行うことは目指していないのです。しかし冷たい水の効果もあいまって、疲労や筋肉痛や肩こりを和らげる効果は十分に得られ、逆に何もしなければ、頭痛になりかねません。

だから私は、身体や心に不調を感じたら、薬に手を伸ばす前にまず海へ出かけて、気持ち良くひと泳ぎします。するとほとんどの場合は解決します。

身体を動かすことの健康効果については、もちろん世界中で多くの人々が知るところで、学派も多数あります。ただ私にとって、これは人生を変える気づきでした。時間もお金もさほどかけずに、心身のコンディションを大きく改善できると知ったのです。

友人のティーナも、身体を動かすことを医術〔病気や怪我を治す技術〕のひとつと捉えています。「痛みや痙攣に悩んだら、まずは身体を動かす。それでも良くならなければ、マッサージや鍼灸など、物理療法を検討するわね。医者に行ったり、すぐに鎮痛剤を飲んだりはしないの。特にそれが、年齢による自然な症状かなと思う時には」とティーナはいいます。「もちろん、もっと深刻な場合は医者に行くけれど」

加齢に伴う身体の痛みへのこうした健全なアプローチは、北欧の実用性の表れといえます。

薬の多用に関する別の問題は、いうまでもなく、副作用です。これはよく知られたことですし、あちこちに明文化されています。しかし私は、自分のライフスタイルを見直してはじめて、飲んでいた薬の大半が、本来の目的とは逆に働いていたことに気づきました。

たとえば、不眠症のために一時期飲んでいた睡眠薬は、たしかに夜、私を気絶させてはくれましたが、日中に頭が重くなったり、身体がだるくなったり。そこでなんとか元気を出そうとして甘いお菓子をたくさん食べはじめ、結果、体重が増えました。余分な脂肪のせいで服が入らなくなり、太った自分に気持ちが滅入りました。

不眠症に悩む人の多くは、短期間の睡眠薬服用から恩恵を受けますが（私自身もそうでした）、しかし私にとってより良い選択肢は、生活習慣を改めることでした。日中に積極的に身体を動かし、外でアクティブに過ごせば、自然と身体が疲れます。すると夜、眠気が訪れ、当然の結果として、ぐっすり眠れます。

あとから考えれば、これはいたってシンプルで、いたって当たり前のことでした。

たくさん動いて健康に　Health-enhancing activities

身体を動かすことの重要性が強く認識されるに伴い、世界の保健機関は、さまざまな健康問題への対策として身体活動を推奨しはじめました。

フィンランドでは、「第三者による実証的臨床診療ガイドライン」という国の指針の中で、病気予防と並んで、健康維持や治療法に関する重要事項が記されています。そして、うつ病を含むさまざまな病気の予防、治療、リハビリ法のひとつとして、習慣的な運動が推奨されています。

身体活動の促進に取り組む研究機関もあります。UKK研究所は、「人々の座る時間を減らし身体活動を促すための効果的医療を、実証研究により確立する」ことを目指しています。

この民間研究機関は、1956年から1982年にかけて長年フィンランドの大統領を務めたウルホ・カレヴァ・ケッコネン（1900－1986）の名にちなんでいます。ケッコネンは、政治的な功績をあげただけでなく、熱心なスポーツマンで、走り高跳びで優勝した経歴もあります。

フィンランドには彼の名を冠した公園もあり、ラップランドにあるウルホ・ケッコネン国立公園は、フィンランド最大の自然保護地帯のひとつ。国の北端近くに位置し、キーロパーとその頂きも入っています。

UKK研究所によると、子どもと遊ぶ、掃除をする、食材採集をするなどのながら運動には、冠動脈疾患や循環器疾患、2型糖尿病の発症リスクの低減、骨粗しょう症の進行抑制、うつや不安の症状緩和といった効果があります。

運動への興味が膨らんでいたさなか、偶然にも、UKK研究所主催のセミナーの中に「運動は薬」という名のイベントを見つけました。そこでは、医者、研究者、健康に関する専門家など、第一線で活躍する人たちの講演を聞くことができます。

すぐにその2日間のセミナーに申し込みました。

セミナー初日。満席のホールで席に座るやいなや、立つように促されました。またイベントの主旨に従い、講演の合間には、全体でストレッチをする時間がありました。

いまや誰もが知るように、「座りすぎはタバコのごとし」〔座る時間の長いライフスタイルが健康を脅かす危険があると研究で示されている〕なのです。

すべてのセッションを聞くことはできませんでしたが、セミナーでは2つのことが印象的でした。ひとつは、参加者の誰もが健康そうでエネルギッシュだったこと。職業柄であれ何であれ、この分野に関心を持ち運動のメリットについて世の中に発信していると、当然の成り行きとして、その説をみずから実践する人が多いのです。

もうひとつ印象的だったのは、セミナーでは人々の日々の運動を助けるアプリや最新技術も華々しく紹介されてはいたものの、一番重要なメッセージとしては、「シンプルで理にかなった身体運動と節度ある生活こそが、世界にはびこる数々の健康問題への解決策だ」という内容を伝えていたことでした。

100万人以上の読者を持つ査読制の医学雑誌『ランセット』に掲載された2016年の研究によると、人々の運動不足が世界経済に与える影響は、医療費にして年間560億ユーロ以上。また、座る時間の長いライフスタイルは、２型糖尿病や心臓病や一部の癌の増加につながっているといいます。

良い睡眠を得る秘訣についての興味深い講演もあり、後日、オンラインで要約を読みました。フィンランド労働衛生研究所の心理学者ヘリ・ヤルネフェルトは、薬に頼らない治療法を見つけることが第一だと強調しています。彼女は、不眠症を引き起こす根本原因への対処方として、瞑想やマインドフルネスなどのさまざまな認知行動療法を概説しつつ、運動不足、就寝前のインターネットやゲームのしすぎなど、生活習慣の乱れが不眠症の要因になるとも指摘していました。


フィンランドにおける「身体運動は薬」思想の創始者といえば、イルッカ・ヴオリ医師です。彼はしばしば、「健康を育む身体運動の父」と呼ばれています。

ヴオリはUKK研究所の初代所長を20年間務めました。スタンフォード大学の客員教授も務め、医学雑誌に350本以上の論文を投稿し、数々の本を出版しています。専門は、健康関連の政策決定。WHOやHEPA（身体活動促進を目的としたWHOの欧州ネットワーク）などをはじめ、国内外の組織を幅広く扱ってきました。

フィンランドに6つある美しい中世の街のひとつ、ポルヴォーのアールヌーボー建築のカフェで、はつらつとした80代男性、ヴォリに会いました。

いまでは多くの人に知られる「身体運動は薬」のルーツについて尋ねます。

「これほど浸透したのは多くの理由があります」とヴォリ。「フィンランドが非常に貧しい状態からゆたかな国へと発展を遂げたのは、ここ100年ほどのこと。それまで長いあいだ、身体を動かすことは避けられない行為でした。1960年代から1970年代頃は、アメリカのようには車は普及していませんでしたから」とヴォリはいいます。「仕事や学校に出かけたり、用事を済ませたりするのは徒歩か自転車でした。いまはほとんどの人が車やオートバイを持っていますが、しかしそれでも、積極的に身体を動かす生活のアプローチは失われずに残っているのです」

ヴォリによれば、活発に動く暮らしが現在も残っているのは、一部には伝統だからであり、また別の理由は、それがさまざまな目的に叶う実用的な方法だからだといいます。たとえば人々は、キノコやベリーを集めたりサウナ用の薪を割ったりしながら、同時に、外の新鮮な空気を吸って、身体を動かすことができます。

フィンランド人の気質も関係しています。

「フィンランド人は、自分の事は自分でやりたがる。だから、一部の代行サービスはあまり発達していません。たとえばフィンランドには数十万のサマーコテージがありますが、コテージ管理を請け負う業者はほとんどおらず、そういったサービスが出てきたのは実にここ数年です。自分のコテージは自分で管理したいという人々の願望の表れでしょう。そしてフィンランド人はそれを楽しんでいます」とヴオリは説明しました（これは、私が最初の頃に気づいた「DIYシス」――家事などを外注せず自分でやる精神――の完璧な例です）。

ヴオリによれば、こうした根本思想、つまり北欧の実用的アプローチは、盛んなスポーツ文化にも結びついています。**フィンランドでは、地方自治体や国により多種多様なスポーツ団体が組織されており、ほとんどの人が子ども時代に何らかのスポーツを経験します。**

アメリカ生理学会発行の雑誌『生理学教育』の2014年の記事、『『運動は薬』の歴史は古代文明にあり」によると、ギリシャのヒポクラテスとインドのスシュルタも、患者に「適度な運動、または身体動作」を処方していました。

ヴオリは、現代の研究としてはスコットランドの疫学者、ジェリー・モリスの名前を挙げます。モリスは、座り行動と循環器疾患との関連性を発見したことで広く知られる人物。1940年代後半から1950年代初頭にかけてモリスは、ロンドンのバス運転手を対象に、シフト勤務の合間に階段の上り下りを行った運転手と、そうでない運転手とを比較しました。

その結果、身体を動かした運転手のほうが、循環器疾患の発生率が低いことがわかりました。

ヴオリは長年、世界中の人々とともに身体運動と健康の関係解明に尽力してきました。アメリカの運動科学者、スティーブン・ブレア博士もそのひとりです。ブレアは、人々の運動を後押しする方法を研究してきました。もうひとりは、サンパウロで「Agita Mundo」〔身体運動の促進を目的とした組織〕を創設したビクター・K・R・マツド博士で、この活動団体はのちに国際身体活動健康学会になりました。

ヴオリは、キャリアの初期にはスポーツドクターとして働き、1968年のメキシコオリンピックではフィンランド選手団のチームドクターを務めました。医療の専門家と政策立案者に運動のメリットを理解させるには、長い道のりが必要だったと、ヴオリはいいます。

「具体的に目に見える効果や利点は理解されやすい一方、運動が健康に与える影響については、長いあいだなかなか理解されなかった。医学の世界では、科学的に証明されていない新たな治療法や予防的治療に対して、健全な懐疑姿勢があるのです」

「1987年に私は、『フィンランド医学ジャーナル』に寄稿し、あるテーマを投げかけました。『ウォーキングは運動といえるか？』と。当時、多くの同僚が私のところにやってきて、歩くだけで体力づくりや健康増進につながるという話は本当かと尋ねた。その答えは『イエス』でした」

ヴオリは、「身体運動は薬」の思想がここ50年から60年のあいだに遂げた進歩を喜んでいます。

「事は動きはじめました。国の政策レベルで、世界的変化が起こりつつあります。WHOが2017年に、身体活動を促進するための初のグローバルな行動計画草案を作成したことも良い兆しです」とヴォリ。

WHOは「運動不足」を、病気を引き起こす主要因の4番目に認定しています。

ヴォリは、教えをみずから実践しています。好きな活動のひとつは、「夏の家事DIY」。薪割り、釣り、庭の手入れ、芝生の草刈りなどに精を出し、また1年を通じて毎日1時間ほど、森の中でスキーやウォーキングを楽しみます。

日頃なかなか身体を動かせないと感じている人にアドバイスはありますかと、彼に尋ねました。ヴォリはしばらく考えて、こう答えました。

「動かずに済む方法を見つけようとしないこと。家事でも通勤でも、余暇でも。どんなに短時間でも、どんな軽い動きでも良いのですから、とにかく、あらゆる機会を捉えて動くことです」

「明らかなのは、どんな活動でも何もしないよりは良いということ。生活の質向上と健康維持のためには、身体機能の充実と可動性が肝要なのです」

「DIYシス」と運動　DIY sisu

ながら運動についてはどうでしょうか。地方紙を見ていると、家事や庭仕事の運動効果を最大化させるための、楽しく実用的な方法がよく紹介されています。たとえば、「クマデで落ち葉掃きをしながらできる3つの肩ストレッチ」

私の知る限り、この合理的な運動法は多くのフィンランド人に浸透しており、「DIYシス」の精神もあいまって、人々はさまざまな作業を敢えて自分で行い、楽しんでいます。利便性追求型の文化が主流の諸外国と同様、外注することは簡単なのですが、そうはしないのです。

私のアイススイミング仲間に良い見本がいます。ティモとピア。チャーミングな夫妻で、2人とも元パイロットです。

泳いだあとに桟橋の上で陽気なアイリッシュダンスを踊るのが好きなティモと、彼の妻のピアは、冬のシーズン中、毎朝一緒にアイススイミングに出かけます。

ある日、私たちは3人で、水泳やサウナ、そしてフィンランド特有のレジリエンス〔立ち直る力〕について語り合いました。ティモはこういいます。

「『シス』は、自分の強さの発見。厳しい環境と、それを跳ね返す力から生まれるものだ。もともと歴史的にフィンランドは、天気に関係なく畑仕事や家畜の世話や、釣りに出かける必要があった」

それからティモは、ながら運動のひとつである「家の掃除」が、彼にとっての「シス」を鍛える活動だと教えてくれました。

もちろん業者に頼むのは簡単で、そうする人も多くいます。しかしティモは、「自分でやるぞと決めて実際やり終えると、なんとも気分が良くてね」といいます。

ティモとピアが、アイススイミング――これも「シス」を鍛えるアクティビティ――をはじめたのは、15年前でした。当時はまだヨーロッパやずっと遠くを飛びまわる飛行機で働いていました。「私たち、すっかり虜になってしまって。早朝フライトの前によく海へ泳ぎに行ったものよ。それでずいぶん元気をもらったわ」とピア。

そう、2人の健康の秘訣はシンプルです。

「運動は、30年続けてきた私たちの暮らしの一部よ」

どこだってジムになる The outdoor gym

ながら運動は、フィットネストレーニングに取って代わるものではありません。年齢や健康状態にもよりますが、理想は両方行うことでしょう。

フィンランドでも、パーソナルトレーナーをつける人や、厳しいトレーニングを行う人はいます。しかし、よりゆるやかに「身体を動かすこと」について考える時、この国では、実用的な「レス・イズ・モア」〔“less is more”、シンプルであるほど良いといった意味〕の精神が広く浸透しています。

このアプローチに従うと、運動する方法はいくらでもあると気づかされます。体力をつけたいからといって、必ずしもジムに入会したり、激しいエクササイズを丸ごとやったりする必要はないのです。

2016年の春、私は地元の保健センターで定期健康診断を受けました。下着姿で診察室の椅子に座り、若い医師から、日頃の健康習慣を確認され、問題ないとの言葉をもらいました。

しかしその後、私の腕と肩を見た医師は、ウェイトリフティングなどの筋力トレーニングで上半身の筋肉を鍛えることを私に勧めました。たしかにそうすれば、時々起こる頭痛や片頭痛——パソコンの前に長時間、前のめりに座っているために首や肩の筋肉が緊張することが一因でしょう——を解消する効果も期待できるかもしれません。

この時、すでにフィンランドにやって来てからかなりの時間が経っていました。だから私は、正直かつ直接的で、甘い言葉でコーティングしないフィンランドのコミュニケーションスタイルを理解していて、それをありがたく思いました。おかげで医師の言葉を疑う必要がないのです。私には真実を教えてくれる誰かが必要でした。

医師は、ジムでトレーニングをすることを提案しました。しかし私には、屋内で過ごす時間をこれ以上増やしたくないという気持ちがありました。

幼い子どもを育てながら、フリーランスとして働く目が回るような日々。そんな中、捻出できる自由時間はわずかなものです。だから私は、屋外で、家族が起き出す前にできる方法はないだろうかと、考えはじめました。

子どもの頃は――10歳とかそれくらいの頃の話です――体操や陸上競技など、いくつかスポーツをやっていました。ところが小学校で、他人と競って走ることを強制されるようになってから、私は走ることが大嫌いになりました。そして二度と走るものかと誓ったのです。

しかし、北欧の実際的観点から改めて考えてみると、考え得る選択肢の中で、最もシンプルで賢明な方法は、朝に軽いジョギングを組み込み、簡単な腹筋と腕立て伏せを追加することだと思いました。

ある春の朝。およそ25年ぶりに、走りに出かけました。すると自分の運動能力が、思った以上に衰えていることに気づきました。走る前にストレッチはしましたが、走りはじめて数分で身体が辛くなり、これはとてもやりきれないのでは、と感じました。そのあと全身が痛み出した時にも、無理だろうと思いました。

しかし、どういうわけか私はあきらめませんでした。アイススイミングで身につけた「シス」をここで発揮したのです。この不快感を乗り越えることが、よりタフでより快適な状態にたどり着くためのカギであることも知っていました。


最初の数回は3分ほど走るのがやっとで、そこで立ち止まると、あとは歩くほかありませんでした。しかし、季節は春。朝の空は明るく輝いています。だから私は走り続けました。たとえ5分でも、何もしないよりは良いのだと自分にいい聞かせて。

すると思った通り、数週間以内に身体の痛みはなくなり、走れる距離は徐々に延びていきました。私の目的はマラソンを走ることでも、速く走ることでも、長く走ることでもありません。ただ海で泳ぐ前に、有酸素運動を少し行い、軽く汗を流し、エクササイズで筋肉を鍛える。それだけで十分した。

そして1ヶ月もしないうち、私は夢中になりました。私の「ミニジョギング」――と、自分では呼んでいます――は、1回につき10分から15分程度。週に数回、自宅のある島の海岸沿いの道を走り、あのラグを洗う桟橋［チャプター1を参照］のところで軽く筋トレやストレッチをしてから、海に入ります。

アイススイミング・クラブが春のはじめにクローズした際、仲間のスイマーたちがすぐ近くの桟橋に場所を移して水泳を続けたことに刺激され、私も1年を通して、人生を変えてくれる海水スイミングを毎日やることにしたのです。

筋力をつけるため、桟橋の上で、基本的な腕立て伏せを何通りか行います。続けて、やはりごく標準的な腹筋運動を。最初は、へたらずにできるのは5セットから10セットが限度でしたが、1~2ヶ月のあいだに、60回から80回の腹筋ができるようになりました。

海水が15度ほどにあたたまってきた頃、桟橋の柵にぶら下がり懸垂のような動きを行う方法を見つけました。海に浸かった状態から、身体を上げたり下げたり。腹筋や腕立て伏せと同様、最初は5セットからのスタートでした。

しかし、すぐに耐久性がアップし、10回の懸垂が15回になり、やがて20回になり、25回になっていきました。

私はこの桟橋を、屋外ジムへと変えてしまったのです。

この新しい日課ができてから、タオルや着替え、飲み物を持ち運べるランニング用リュックが必要だなと思いはじめました。

ここでふたたび、10代を最後にすっかりやめていたことに再会します――腰と胸にストラップの付いたスポーツ用バッグを買ったのです。これは大人になってから、ブランド名や見た目でバッグを選ばなかったおそらくはじめての出来事です。私はこのバッグを純粋に、機能性で選びました。

ジョギングによって私の心臓は強くなり、筋肉に張りが生まれ、上半身が鍛えられました。走りはじめる前までは、私の上半身は長年のパソコンを使う時の姿勢の悪さと、正直なところ年齢のせいとで、たるんで曲がってきていたのは明らかでした。そしてありがたいことに、ほどなくして、頭痛の頻度も減っていきました。

凍える冬が訪れると、私は靴底に装着するスパイクを買いました。どんな天候でも、走るのをやめたくなかったのです。

トライアスロンに出ようなどという野望はありませんが、この新しい運動習慣は私のウェルビーイング〔心身の充足感〕を大きく向上させてくれました。走ると、自分が強くなった気がします。私はあまり長い距離を走るわけではないので、その効果を疑う人もいますが、ジョギングの日は、30分くらいかけて筋トレも行うので、自転車と合わせると少なくとも1時間の運動を、日常的に行っていることになります。

走ることは、「シス」専門家のエミリア・ラハティがいうところの、「生命保険」の役割もあります。身体の健康をきちんとケアすると、心が強くなり、その人自身も強くなっていくのです。

以前、肉体の強さと「シス」の関係についてラハティと議論した際、私は彼女自身のランニング習慣についても尋ねました。ラハティのそれは、私のものとはまったく異なるレベルです。ラハティは22歳の時にはじめてランニングに出会いました。スポーツは苦手だと思い込んでいた彼女にとって、それは衝撃の出来事でした。「学校でスポーツをやる時はいつも最後にメンバーに選ばれていました」とラハティはいいます。

「ある日、衝動的に走りに出かけて、そのまま40分走って。そしたら、心に風が吹いたんです。昔はどこか苦しみながら走っていたのですが、その走りを境に、何かが変わりました。半年後には、人生初のマラソン大会に挑戦しました」

「以来、走ることは私にとって、有機的な営みになりました。きっと、走っているという事実が心を安定させてくれるのだと思います。自分の強さを取り戻せたという実感があります」

「トレーニングには、ただ靭帯や持久力を鍛える以上の意味があります。まるで肉体が心に何か語りかけてくるような感じ――『君にはできる』と。だから、あとずさりしそうになった時には、私にはできるのだからと、いい聞かせます」

「心に影響を与える身体の動きをすると、ある種、電気回路のような現象が起こります。必ずしも、心から身体の順とは限らないんですね。私たちは精神をコントロールすることや、メンタルを強くすることばかり考えがちですが、でも、抑うつ状態にあったら？　私も落ち込んでいた時期がありますから、よくわかります。まず、ベッドから出たいと思えません。身体が深い眠りについていていて文字通り身体を起こせないような状態です。しかしそんな時、なんとかベッドから出てシャワールームまで行くことができれば、もう復活できたも同然です」

〰

ラハティが挑戦しているウルトラマラソンには尊敬の念を抱きつつも、私が心惹かれるのは、この北の地で出会った活動の多くは、非競争的だということです。

フィンランドに来てから、これまで、さまざまな活動を通して、心が満たされる感覚を味わいました。それはすべて、この「誰とも競わない」姿勢と深く結びついていたのです。勝つことはフィンランド人にとってもちろん重要ですが――特に最大のライバルであるスウェーデンとのアイスホッケーの試合においては――しかし何より大事なのは、頂点を目指すことではなく、精一杯やり、楽しむこと。

水泳仲間のひとりが、アイススイミングの大会に参加してはどうかと勧めてくれた時、私は真剣に悩みました。インターネットで大会情報を確認し、移動手段や宿泊施設を調べ、大会に向けてどのようにトレーニングすべきか、考えをめぐらせました。

しかし、ある時ふと（やはり海に入っている時でした）、私がこれほどまでにアイススイミングが好きなのは、競争ではないからだと、気づいたのです。

だから私は、大会に出ないことを前向きに決断することができました。私が極北の地のアクティビティを愛する理由のひとつは、他人に何かを証明する必要がないことなのです。

それは私のジョギングや筋トレも同じです。1日の終わりに考えるのは、いかに速くたくさん走れたかや、腕立て伏せと腹筋を何回できたかという記録ではありません。より痛みのない、強い身体になれたとこと。よく動き、満たされた気持ちになれたこと。息を切らさず自転車で坂を登り切れたこと。あるいはまた、体重が25キロを超えた息子を抱き上げて歩けたこと。

私は私でいい。私は自分を受け入れることを学びました。うまくやってもやらなくても、すでに十分、すばらしいのです。

医学としての身体運動　Movement as medicine

あらゆる機会を捉えて、動くこと。どんな短時間でも、軽い動きでもかまいません。自宅や職場、通勤時間や空き時間に。暮らしの中で、「動かなくて済む」方法を考えようとはしないでください。

「身体運動は薬」専門家　イルッカ・ヴオリ

● 筋肉の凝りや張り、ストレス緩和のために、運動を取り入れます。まずは軽いウォーキングから。
● 芝刈りなど、家事や庭仕事のついでに簡単なストレッチを行いましょう。
● 椅子に座らない〝歩きながらの会議《ウォーキング・ミーティング》〟をセットします。
● 目標や進捗管理が必要であれば、万歩計で日々の活動をチェックするのがお勧めです。
● 身体を動かして、強く健康な身体を手に入れれば、あなたの「シス」も、かさを増します。

CHAPTER 10

北欧のミニマリズム

シンプルで持続可能《サステイナブル》な暮らしをつくる

Nordic minimalism: creating a simpler and more sustainable lifestyle

夏の朝早く、私は木々の立ち並ぶ海岸沿いの砂利道を歩いています。海にはクリーム色の砕氷船が泊まっていて、あの強靭な逆境力にあやかり「シス」と名の付いた船の姿もあります。桟橋に着くと、木のテーブルのところに水泳サークルで顔見知りの女性がいました。年齢は60代後半で、ブラシとマツの石けんを使い、フィンランド伝統の手づくりラグを洗濯しています。私たちは挨拶をし、海や天気について軽く言葉を交わします。この日の水温は17度で、まだかなり冷たい。早朝にもかかわらず、空は明るく晴れ渡っています。

海でさっと泳いでから、金属のはしごを伝って桟橋に上がりました。タオルで身体を拭きながら先ほどの女性のところに行きます。彼女が洗っているラグは要らなくなった布の再利用でつくられたもの。しかし赤、青、緑の色合いのなんて鮮やかで美しいことでしょう。

彼女は顔を輝かせながら、このラグの物語を教えてくれました。いまから半世紀以上前、まだ幼い彼女は、母親が織機でラグを織る様子を見ていたそうです。そして赤色の部分を指すと、母は「それは私の古いエプロンよ」と教えてくれた。鮮やかな青は、「お父さんの仕事着」。緑は、彼女がもっと小さかった頃に履いていたズボンでした。

彼女は家族の思い出が詰まったこのラグを、時間の経過とともにより一層、愛おしく感じるようになったといいます。

「家族の歴史を毎日感じられるのよ」

日差しの降り注ぐ桟橋の上、マツのほのかな香りを感じながら彼女と話していると、この手づくりラグは、古いものから別の何か――人とモノのストーリーを運ぶ新たな品――をつくり出す、北欧の実用的アプローチだと感じました。

新たなアプローチ――フィンランドのデザイン哲学　A new approach

私が成人した1980年代後半から90年代前半頃というのは、誇示的な消費がもてはやされる時代でした。買うことはひとつの娯楽であり、スポーツの趣さえあったかもしれません。それはまさに、「倒れるまで買う」の世界。

しかし気づいたのですが、フィンランドでは、派手にモノを買いまくる行為や所有物をひけらかす態度は、むしろ冷たい目で見られます（ほかの北欧諸国も同じ傾向があります）。もちろん、たまたま大きな家と派手な車と、離島のサマーコテージを持っていることもあるでしょう、それは良いのです。しかし、それらは自慢したり絶えず引き合いに出したりするものではありません。ブランドものの服やアクセサリーについても同じです。

当初、私はこの質素な暮らしは北欧の生活様式によるものと解釈していました。北欧では比較的小さな住居で暮らす人が多いので、モノをあまり持たないことは必然でもあるのです。

しかし、フィンランドに息づくデザイン遺産について知るにつれて、**北欧のミニマリズム「レス・イズ・モア」は、単に〝そぎ落とされた美的スタイル〟ということ以上に、はるかに深い意味を持つ**ことがわかってきました。

フィンランドのデザインは、時代に左右されないシンプルなラインと機能性で世界的に知られています。

大胆な柄を美しくあしらった服や家庭用品を展開するマリメッコ、また、(聞くところによれば)

世界中で売れている、フィスカルス製のオレンジ色のハサミなど。代表的なブランドには詳しいつもりでした。

しかし根底のデザイン哲学にまで理解がおよんだのは、最近のこと。「安く粗悪で非倫理的なモノは、やがて捨てられ置き換えられる。しかし持続可能《サステイナブル》で倫理的《エシカル》かつ機能的な、誠実につくられたモノならば、時間を超えて生き続ける」——フィンランドのデザインは、このような思想に基づいているのです。

たとえば、偉大な建築家でデザイナーのアルヴァ・アアルト（1898-1976）の作品群。1936年に発表されたガラス花瓶「アアルトベース」は特に有名で、ロンドンから南米ブエノスアイレスまで、世界中で販売されています。うねったフォルムは波を模しており、「アアルト（aalto）」はフィンランド語で「波」の意味を持ちます。

「カルティオタンブラー」も象徴的です。これは1958年にカイ・フランクが発表したクラシックなデザインのグラスで、アップルグリーンからシーブルー、レイン、エメラルド、ウルトラマリンブルーなどさまざまなカラーバリエーションがあり、発売以来ずっと、デザイン好きな家庭の定番アイテムになっています。

アアルトのもうひとつの代表作といえば、「アルテック・スツール60」。1933年に発表されたモダンクラシック・デザインのこの椅子は、機能性と美しさが見事に融合しています。3

本の脚はバーチ材で出来ており、誕生から半世紀以上、世界では形を真似たコピー品が絶えずつくられ続けています。しかし、本物の「スツール60」が目指したのは、〝永遠〟に使えること。飾り立てることも、そぎ落とすことも可能で、部屋の隅に積み重ねて空間を節約することもできますし、コーヒーテーブルやナイトスタンドとして使うこともできます。今日まで何度も再販が繰り返され、その価値は廃れることがありません。それどころか、時の経過の中で、オリジナルの価値を更新することさえあるのです。

アルヴァ・アアルトの哲学を表す2つの言葉があります。「形式は中身を伴うべきで、その中身はまた、自然と結ばれるべきである」、「美しさとは、目的と形式の調和である」。これは、フィンランドデザイン全体を貫く大原則ともいえます。

デザインの民主主義 The democracy of design

かつては買い物をストレス発散の手段にしていた私ですが、新しい買い方を学んだいままでは、服やアクセサリーはもちろん、たとえ家財道具であっても、機能と目的が明確でなければ購入はしません。

フィンランドデザインの根本原理は、持続可能性《サステイナビリティ》です。良い椅子や花瓶やグラスに投資すれば、新しいものを繰り返し買う必要はなくなります。最初こそ少々のお金が必要かもしれませんが、長い目で見れば、お財布にも環境にも優しいのです。

フィンランドには、こんなことわざもあります――「貧乏人に安物を買う余裕はない」

国によっては、「良いデザイン」は、一部の人だけの特権です。対照的にフィンランドでは、**デザインはすべての人に平等に開かれています。これは教育や運動など、さまざまな生活領域で見られるフィンランド社会の特長です。**

私はこの平等性をデザインの民主主義と考えるようになりました。ここではデザインは、すべての人の生活の質を向上させるために存在しています。そして単に「モノ」をデザインしているのではなく、「暮らし」をデザインしています。たとえばトラムなら、ベビーカーを安全に停められる専用スペースをつくり、乗降の妨げにならないように。木々が生い茂る公園内の街灯なら、日が暮れてからも散歩やジョギングができるように。公共サービスのウェブサイトなら、誰にでもわかりやすいように。すべての人の使いやすさのために、「デザイン」がなされているのです。

フィンランドのデザインには時代の最先端を行く例も数多くありますが、暮らしに溶け込んでいるデザインの典型例といえば、食器乾燥棚と、歩行者用リフレクター（反射板）です。

食器乾燥棚は、１９４０年代半ばにマイユ・ゲブハルドによってフィンランド作業効率協会

（何というネーミング！）のために開発されました。これはシンクの上の棚に水切りラックを内蔵したもので、洗い終わった食器をここに収納すれば自然乾燥できる仕組みです。空間をうまく使ったこの美的装置——乾燥中の食器は人目につきません——は、機能に忠実なデザインの好例で、持続可能《サステイナブル》であるのはもちろんのこと、石油も電気も要りません。食器洗浄機が普及している現在でも多くのフィンランド家庭のキッチンに備え付けられており、壊れやすい食器を乾かす際や、狭い住居においては便利なアイテムです。

もうひとつのすばらしい例は、1950年代にアルヴィ・レフティが発明した安全リフレクターです。もともとは車と馬車の安全確保のために開発され、その後、歩行者用に使われるようになりました。

今日、安全リフレクターは、コートやバッグに取り付け可能なグッズとしてさまざまな色や形で売られています。車のヘッドライトなどが当たると光るため、これを付けていれば暗い中でも、ドライバーに自分の存在を知らせることができます。

フィンランドでは、暗い時のリフレクター使用は法律で定められています。リフレクターが義務化されている、または普及している国は歩行者事故率が極めて低く、また国によっては、懐中電灯や反射テープ、黒い服装の禁止など、より複雑な方法で歩行者の視認性を確保している状況も考えると、リフレクターはシンプルで合理的な解決法だといえます。

配慮した消費《コンシダード・コンサンプション》 Considered consumption

フィンランドでは、暮らしのすみずみにまでデザイン思考が浸透しています。持続可能《サステイナブル》な消費、シェアリングエコノミーといったテーマに関係の深いリサイクルの文化も例外ではありません。中でも注目すべきものとして、「クリーニングデイ」があります。年に2回、全国の公園や歩道や中庭が巨大な屋外フリーマーケットに変身するこのイベントの売り手は、一般の人々です。出店費用は無料で、古着やアクセサリー、食器類、おもちゃ、本など、何でも売ることができます。

開催は毎年5月と8月。リサイクル精神と共同体精神にあふれるこの祭典のテーマはシンプルで、その日、要らないアイテムを他人に売ることで、自宅の食器棚やクローゼット、屋根裏を一掃《クリーニング》しましょう、というわけです。

多くの地元民や子どもがいる家庭と同様、私もこのイベントを、特定の品物探しに使っています。子どもは服やおもちゃを買ったそばからすぐに成長するので、何分の1かの値段で新品同様の品を手に入れられる時に、敢えて高いお金を払う理由はほとんどの場合、ありません。中古品ショッピングは往々にして、新品購入よりもはるかに持続可能《サステイナブル》で実際的です。

これまで何年も、クリーニングデイで息子用のアイテムを見つけてきました。店頭よりずっと安く手に入ったマリメッコの定番、赤いストライプのTシャツ。ブルーの頑丈なゴム製レインブーツ（これで息子は水たまりに飛び込めます）。おもちゃの車や電車やレゴ。それから、イッタラのウォーターグラス――わずか数ユーロという掘り出し物でした――など、長く使える丈夫なクラシックデザインの品々も、ここで買うことができました。

このような買い物は家計を助けてくれるのはいうまでもありませんが、売り手が一堂に会した公園で息子と過ごすひと時は、純粋に楽しいものです。友人にばったり会えるかもしれませんし、また、この経験を通して息子は、モノがあふれているこの世界で、新品を買う前に中古を検討することの大切さを学ぶことができます。

グリーンピース〔世界の環境問題に取り組む国際NGO〕の2016年の発表によれば、世界では毎年800億枚の衣類が生産され、そのうちリサイクルされるのはわずか4分の1。残りはすべてゴミとして埋め立て地行きになるか、焼却処分されています。なんとも気がかりな現実です。

クリーニングデイに興味を持った私は、ヘルシンキ・サウナデイの創設者、ヤーッコ・ブルンベリと連絡を取りました。彼はクリーニングデイの企画にも携わっています。

クリーニングデイには、従来のフリーマーケットにはない、さまざまな意味が込められています。

ブルンベリによるとこのイベントは、**「配慮した消費《コンシダード・コンサンプション》」――新品ではなく中古を買う――というコンセプトに加えて、いくつか重要なメッセージを含んでいます。**

ひとつは、北欧クラシックデザインのように、質が高く、長く使える丈夫な品は、ファストファッションよりもすぐれた投資対象であるということ。

「いわゆるエコ意識を啓蒙する意味ももちろんありますが、それだけでなく、人々には、非倫理なやり方で製造された、安くて粗悪な衣類には未来の買い手はつかないという事実に気づいて欲しいんです」とブルンベリはいいます。「良い商品を買えば長持ちしますし、常に次の買い手が現れます。だから、より倫理的《エシカル》で質の高いモノを、より少なく所有しませんか――そう伝えたいのです」

「『クリーニングデイやフリーマーケットでなんでも揃うから、もう二度と新品は買わないと思う』と語る70歳の女性もいたくらいで、クリーニングデイは確実に人々の消費行動を変えました」

「そして、普段の生活でもこの考えを応用するようになったという声を多くの人たちから聞きます。つまり、買う前にこう考えるのです。『私は本当にこれが必要だろうか?』と」

クリーニングデイの発案者は、パウリーナ・セッパラという人物。参加型都市文化の創造、社会の包括性実現などに取り組む非営利団体「ユフテイスマー（Yhteismaa)」（「共通の基盤」という意味）のプロデューサー兼共同設立者で、これまでフィンランドで数多くのイベントやムーブメントを仕掛け、ソーシャルメディアを使ってシェアリング精神と持続可能性《サステイナビリティ》の思想を広める役割を果たしてきました。

シェアリングエコノミーを取り入れたこのイベントのルーツを探るため、セッパラに会うことにしました。

ヘルシンキ中央図書館「オーディ（Oodi)」の建築現場を見下ろす広場の近く。セッパラはスポーツデニムとカラフルなスニーカーという格好で現れました。9800万ユーロの建設費をかけて工事中の中央図書館は2018年にオープン予定で、もちろん、サウナも付いています。

図書館はシェアリングエコノミーのすばらしい例ですから、彼女に会うにはぴったりの場所でした。フィンランドの本の貸し出し数は世界トップクラスで、公立図書館からは年間6700万冊の書籍が貸し出されています。ほかにもさまざまな無料貸し出しサービスがあり、ボードゲームや映画、パソコンやスキャナ、さらにはミシンや3Dプリンタなどが使える図書館もあります。そしてもちろん、勉強や仕事をする場所としても使えます。

クリーニングデイの着想はどのように得たのかセッパラに尋ねると、何年も前に家族とアムステルダムに住んでいた時にアイディアの種を見つけたと、教えてくれました。

「毎週日曜日がゴミの日で、住民が要らないものを路上に出して、誰でも好きに持って行けるようになっていました。私たちは引っ越したばかりで家財道具が一切なく、通りには、あらゆるものがありました。で、ちょうどソファが欲しかったので持って帰ったんです」とセッパラ。

ヘルシンキに戻り、ある日友人たちと夕食に出かけたセッパラは、どうしたら同じようなイベントを実現できるかを話し合いました。その後、クリーニングデイのFacebookグループをつくったところ、24時間以内に6000人近くのメンバーが集まりました。

「感動しました。これがソーシャルメディアの力かと」とセッパラはいいます。彼女は、クリーニングデイのコンセプトがこれだけ早く広まったのは、先行するイベント、「レストランデイ」があったおかげだと考えています。レストランデイは、売店やミニレストランを開いて誰でもレストランオーナーになれるというイベントで、2011年にはじまって以来、75ヶ国以上に広がっています。

クリーニングデイのウェブサイトは、環境に優しいライフスタイルの総合情報サイトになっており、リサイクルからグリーンウォッシング〔企業などが、実際はそうでないのに環境に配慮しているかのようなイメージを流布すること〕まで、あらゆる話題が紹介されています。

「予算ゼロからはじまったものが、こんな風に人々を刺激し、大きなムーブメントに発展して本当にうれしいです」とセッパラは語ります。

しかし、あまり利益を重視しない堅実なアプローチを取るのはなぜなのでしょうか。フィンランドの過酷な歴史が関係しているのでしょうか（フィンランドは過去100年かけて、世界最貧国のひとつから最も裕福な国の仲間入りをしました）。倹約精神、またはある種の「シス」なのでしょうか？　セッパラに尋ねます。

「私たちにはプロテスタントの道徳観があり、浪費は良くないことだと考えています。消費も見栄も、重要ではないんです」

このような非物質主義的な哲学は、ブルンベリの口からも聞かれました。

「フィンランドでは、物質的な財産によって自尊心や社会的地位を高める必要はありません。いまも昔も、ここでは自己顕示なんて要りませんよ」

ブルンベリとセッパラの2人は、これまで仕掛けた多くのムーブメントがそうだったように、クリーニングデイが人々の手で生み出されている点を強調します。セッパラの団体「ユフテイスマー」は最初にデザイン思考の枠組みだけつくり、それから一般の人々にバトンタッチしました。人々は、Googleマップなどテクノロジーの力を借りつつ、活動を引き継いでいったのです。

この〝スモール・イズ・ビューティフル〟な共同体精神は、暮らしのさまざまな場面に顔を出し、私たちにこう訴えかけます――大金はなくとも、変化は起こせる、と。

セッパラは、困っている人を助けるためのプラットフォームも多数立ち上げました。2015年のヨーロッパの移民問題を受けてはじめた「難民ホスピタリティクラブ」もそのひとつで、このプラットフォームを通じて人々は、ボランティアへの参加や、フィンランドの受け入れ施設への物資の寄付などをすることができます。

「『難民ホスピタリティクラブ』をつくって本当によくわかりました。わずかな予算しかなくても、ソーシャルメディアと知恵を使えば大きな力になる。人々に向かってアイディアを投げれば、集合知と集団の創造性によって、ずっとずっと、大きなうねりが生まれます」とセッパラ。

もうひとつのプロジェクトは、「ボタンひとつで近所の誰かを助ける」というコンセプトに基づくオンラインのネットワーク、「ナッピ・ナープリ（Nappi Naapuri）」です。たとえば、子どもが病気の時、オムツを切らしても子どもを家に残して買いに走ることはできません。しかし、近所の誰かが自分の買い物のついでにオムツを買うことは簡単かもしれません。

高齢化社会に向けたプロジェクトもあります。

「たとえば私が通勤の途中で、お年寄りと少し雑談をするくらいなら簡単にできます。高齢者の介護費用が年々増加する中、介護者を頼るだけでなく、近隣住民が隙間を少し埋めることも可能なのではないかと。こうしたサービス経済は人々の知識やスキルを基盤に成立するものですが、多くの場合、別に難しい知識は必要ではなく、ただシンプルに、『他人と手を取り合いましょう』ということなんです」とセッパラはいいます。

人々は商業的利益のためではなく、みんなの利益のために集まります。「平等という価値観の背後には、『すべてが商業的である必要はない』という思想もあるんです。だから医療や教育など、非常に多くの分野で、質の高いサービスがすべての人に開かれていますす。また必ずしも、最大の利益を得るために〝ベスト〟なビジネスモデルを見つける必要はありません。時には、〝グッド〟なビジネスモデルで十分な場合もあるんですよ」とセッパラ。

この話を聞いて、まるで「タルコート（talkoot）」の現代版のようだと思いました。「タルコート」はフィンランドの伝統習慣で、助け合い精神に基づく共同作業のこと。たとえば国立公園で清掃・整備のボランティアをするのもそうですし、アパートメントの住民たちで半日かけて落ち葉を掃除したり、庭の手入れをしたりするのも、「タルコート」です。

レス・イズ・モア Less is more

「レス・イズ・モア」に関する最近のベストセラーで印象的だったのは、ジェームス・ウォールマンの著書、『モノに潰される私たち――もっとシンプルな暮らし（Stuffocation : Living More with Less)』。トレンド・アナリストである著者は、この本の中でいくつか重要な指摘をしています。モノの消費から経験の消費へ。そしてさらには、消費から離れることが、幸福と健康につながるというのです。

タイニーハウスムーブメント〔小さな家に住むことを積極的に選択する動き〕や、自発的シンプリシティ〔より満たされた人生のために質素な暮らしを実践すること〕といった動きの背景にあるのは、次のような考えです。

「質素でコンパクトな暮らしをすれば、借金は少なくて済み多くのメリットがある。その上、ストレスが減り、自由な時間は増え、結果、より健康で満たされた人生を送れる」

私が北欧文化に出会ったばかりの頃、フィンランドとヨーロッパの都市部では、北アメリカよりはるかに小さな住居に住んでいる人が多いことに驚きました。

もちろんこれは一般論で、大きな家に住むフィンランド人やヨーロッパ人はいますし、小さなアパートメントに住む北アメリカの人もいます。しかし、北アメリカの都市で暮らす友人たちは多くの場合、子どもができると郊外の家に引っ越すのに対し、この国ではまったく逆のことが起こります。

私たちはヘルシンキの中心部、2つの寝室があるアパートメントに住んでいます。自転車、徒歩またはトラムで、ほぼどこにでも行くことができます。もっと広く、もっとモノに囲まれた暮らし（そして、自転車では通えないかもしれないもっと長い通勤）のために、中心部から遠ざかるという考えには、あまり魅力を感じません。かつてのように、庭付きの家を夢見る気持ちはないのです。それはきっと、いまでは家の外で多くの時間を過ごしていて、自分たちだけの空間をさほど必要としないからでしょう。街には使い切れないほどの開かれた空間があります。より大きくて豪華な家を求める代わりに、私は、いまあるものに感謝しています。持っていないものに恋い焦がれてばかりいた以前の私を思い返すと、これはひとつの変化です。

しかし、この〝スモール・イズ・禅〟的価値観〔ここでいう禅（zen）は、「心配事がなく、リラックスした平穏な状態」といった意味〕にたどり着くには、北欧で何年か暮らす必要がありました。ここでは私の知る限り、非常に多くの人が小さな暮らしを実践しています。また、ロンドンなどの都市にいる友人たちの多くが、戸建てではなくコンパクトなアパートメントを選んでいることも、良いヒントになりました。

フィンランド環境研究所（SYKE）の2016年の住民調査では、都市の住環境と人々の意識について次のような結果が示されました。「30代から40代、および子どもがいる家庭の意識に最も大きな変化が見られた。都市中心部と共同住宅を好む人の割合が非常に増えている。都会の利点は機能の多様性。生活と仕事、サービス、レジャーがひとつに接続されており、発達した都市交通に加え、文化資本も充実している」

私自身の心境変化こそが何よりの証拠です。ジェームス・ウォールマンをはじめとする多くの人々が指摘した通り、所有から経験へと望みが変わりました。

たとえば、どこでも自転車で行けることが、私にとっての幸せです。多くのモノを所有し大きな家に住むことよりも、こちらを選びます。

余分をそぎ落とした北欧のライフスタイルに学んだ私は、機能的で実用的な物事を大事にするようになったのです。

貧富の差は多少広がってきているとはいえ、私は比較的平等な社会に生きています。だからもう、隣人と張り合う必要を感じることはないでしょう。

セカンドハンド、中古の魅力

Pre-loved charm

私は中古を見つけるのが好きです。旅先でセカンドハンドショップや蚤の市を見るのも好きで、ニューヨークからベルリンまで、さまざまな国で中古の品々を見てまわりました。

しかしフィンランドでは、非常に多くの人々が中古に慣れ親しんでいて、もはや生活の一部といった感じです。もしかするとそれは強いエコ意識のためかもしれません。私もここで暮らすようになってから、環境意識に目覚めました。

しかし同時に、個人的な理由もあります。というのも、毎日海で泳いでいる私は、海水をきれいに保ちたいという気持ちがあるのです。そのため、できる限りペットボトル入りの水を買うのを避け、自分の消費がもたらす影響を長期的な視点から考えるようにしています。

欲しいものがある時は、ただ値段を気にするだけでなく、クリーニングデイの「持続可能な《サステイナブル》消費」という哲学に従い、デパートやお店に行く前にヘルシンキ市内に多数あるフリーマーケットや、インターネット上の取引サイトで探すことにしています。

その方法で我が家の家具はずいぶん揃いました。キッチンテーブルに椅子、それから新品同様のしゃれたソファまで（このソファは、新品だったら4倍の値段でした）。

前に誰かが愛用していたこのソファを私はとても気に入っていて、新しいものに代えたいとは思いません。いろいろな意味で理にかなっているのです。子どもが友だちと遊んでいる時に、〝新しいソファ〟が汚れないかとひやひやする必要もないわけですから。

中古の取引で嫌な経験をしたことはありません。きっと、フィンランドの揺るぎない信頼文化のおかげなのでしょう。この国では、もし誰かが何かやると発言したら、それは本当にやるのです。物事をきちんとやり通すという意味で、これも一種の「シス」かもしれません。商品の説明はほぼ正確で、取引は正直で明快、売り手は常に期日通りに商品を配送してきます。フリーマーケットやインターネットサイトで騙されたことはありません。

信頼と誠実は、この国ではとても大切にされているのです。

正直さに関する有名な国際調査として、2013年『リーダーズ・ダイジェスト』誌が行った「財布テスト」があります。この調査でフィンランドの首都は、世界16の主要都市の中で最も正直な都市であることがわかりました。落とされた12個の財布のうち、なんと11個が返却されたのです。

機能的なライフスタイルをつくる　Creating a functional lifestyle

北欧のデザイン哲学を理解するにつれて私は、生活のほかの場面でもこれを応用するようになりました。

ウェルビーイング〔心身の充足感〕を高める機能的なライフスタイルをつくったのもその例です。アイススイミングや通年のサイクリングができるように、自分の暮らしをうまく組み立て、加えて仕事の面でも、ある種の「シスの自己鍛錬」により、みずから工夫して健康的なワークスタイルを編み出しました。

ここ5年ほど個人事業主として働いている私は、いってみれば〝自給自足〟な仕事生活。日々スケジュールは大きく変わります。月に何日かは、人と交わる機会があり、大勢の人に囲まれてニュースルームで働いたり、雑誌出版社の社内で働いたりしています。

しかし、フリーランスのライターという性質上、どうしてもひとりで過ごす時間は長くなり、孤独を感じることもあります。そこで私は、フリーライターやジャーナリストなど、志を同じくする人々が出入りするシェアオフィスにデスクを借りました。すると、ずいぶん気分が変わりました。

ここで知り合った人と近くのレストランで昼食を取ると健康的ですし、同じような仕事をしている人からアドバイスをもらったり、サポートを受けたり（そして時には、愚痴を聞いてもらったり）することもできます。

そして意図的に、家から遠からず近からずの場所を選びました。だからそこへ行く日は、自転車で往復5キロの道のりを走ります。海岸に沿って進むそのルートは、自転車で行くのが一番早く、もちろん距離的に歩くことも可能です。

そして、これは偶然でしょうか、その慎ましやかなシェアオフィスは、シベリウスのメロディを1日に2回、鐘で鳴らす教会の建つ丘の下にあります。鐘が聞こえるたび、私は偉大な作曲家がフィンランド独特のしなやかな強さ、「シス」について語った言葉を思い出します。

「『シス』とは、不可能を可能にする、強心剤のようなもの」

シンプルで持続可能《サステイナブル》な暮らしのために Creating a simpler and more sustainable lifestyle

- よく考えた消費を。その商品は使い終わったあとどうなりますか？　人に譲ったり、ふたたび売ったりすることはできるでしょうか。
- 中古の選択肢もありますか？
- 持続可能《サステイナブル》な良い商品を選んで、少しだけ買う。そうすれば、いずれゴミ箱行きになる安物をたくさん買うより、長くモノと付き合えます。
- 「シス」を発揮し、みずからの工夫で、できる限り機能的な生活をデザインしてください。もしモノを減らし、いまよりコンパクトな住居を選べば、あなたの暮らしの満足度を左右する諸問題——家計、維持費、通勤時間など——は解決しそうですか？

Conclusion:
finding your sisu

まとめ
「シス」を見つける方法

いつもすばらしいインスピレーションを与えてくれるのが、息子の存在です。この数年のあいだに、赤ん坊から幼児になり、歩くこと、話すことを覚え、読み書き、泳ぎを覚え、自転車に乗ることを覚えた息子の成長を、ずっと見てきました。そして、常に新しいことに果敢に挑戦する姿に、私は大いに勇気づけられ、同時に興味をかき立てられました。自転車から転げ落ち、悔しそうにタイヤを蹴飛ばし、そうかと思うと、身体のほこりを払ってサドルによじ登り、再挑戦。一体、何が彼をそうさせるのでしょう?

もちろん、「シス」です。

絶対にあきらめない息子を見て思いました。もっとタフになろう、もっと打たれ強くなろう。落ち込んだり、くじけそうになったりした時でも、投げ出さずに前を向こうと。息子を見ていると、「シス」についてフィンランドで学んだありとあらゆることを、再認識させられます。
この本では、ちょうど旅行作家が新しい土地を紹介するように、フィンランドのライフスタイルの核心に迫ろうと試みてきました。注意深く観察し、リサーチし、活字にすべき有益な要素について書く。一体どの習慣や社会規範、何気ない日々の営みが、フィンランド人のウェルビーイング〔心身の充足感〕を高めているのだろうか？　どの側面を掘り下げ、読者と共有すべきか。すると多くの慣習に共通していたのが、フィンランド独特の強い心、「シス」の存在でした。

「シス」をどう定義するかと問われたら、私はこう答えます。
それは、挑戦——小さなものであれ、大きなものであれ——を恐れぬ勇気あふれるマインドセットのこと。それは、逆境を乗り越える力のこと。またそれは、肉体、精神、感情のいずれにおいても、新たな物事に進んで向き合い、限界を超えていく生き方のこと。さらには、実際的な解決策を探すこと。前を向くための方法や、忍耐力とレジリエンス〔立ち直る力〕を鍛える方法を探すことも「シス」です。

これまでお伝えしてきたように、「シス」は、ウェルビーイング〔心身の充足感〕を高めるシンプルで実用的な暮らし——ネイチャー・セラピーから北欧の食事法まで——を実現するための糸口です。外の新鮮な空気を吸う、運動する、バランスの良い食事をして休息の時間をきちんと取る。そんなシンプルな行いによって、日々、「シス」をトレーニングすることは、日々、自分をケアすることにつながります。強い肉体は、強い精神をつくります。

「『シス』を持ちたければ、意志を強くするトレーニングが要る。筋肉と同じで、『シス』は自分で鍛えるもの」。アイススイミング仲間のダグラスの言葉に、私は深く共感します。

どこで暮らし、何をしていようと、私たちはみな、同じような悩みを抱えています。そこでウェルビーイング〔心身の充足感〕に気を配り、「シス」の感覚を育てられると、心も身体も整い、強くなり、共通の悩みである健康不安やストレスの解消に役立ちます。

実際的なレベルでいえば、ウォーキングや自転車通勤などのながら運動を取り入れる、冷たい海で泳ぐ、自然の中を散歩するなど、機能的なライフスタイルに向けて小さな一歩を踏み出すくらいの、ごく簡単なことかもしれません。私はアイススイミングなどの日常習慣を通して、身をもって、自分の強さと「シス」を引き出す方法を学びました。また、「シス」を発揮しはじめると、「ほかにも、できることがあるかもしれない」と、可能性に目を向けるようになることも学びました。

「シス」のルーツはある種、寒さの厳しい北欧ならではの実用性であり、意志の強さです。しかし誰でもそこから学び、応用することができます。たとえばそれは、ハウスクリーニングや落ち葉の掃除を自分でやるといった、「楽な方法に逃げない」ということかもしれません。また、浜辺や森に出かける、時間を見つけて公園を歩くなど、日常的に自然と接点を持つことも、同じくらい重要です。

気候変動から政情不安、金融不安まで、この不安定な世界では心配事が絶えませんが、「シス」のマインドセットを使えば、前に進む道筋はきっと見つかります。内なる強さとレジリエンス〔立ち直る力〕が、困難に立ち向かうあなたを助けてくれます。

「シス」を上手に使うということは、困った時にひとりで抱え込まず、なるべく人に相談するということでもあります。心の不安を口に出し、誰かと共有すれば、それだけで問題の一部は解決したようなもの。そしてたいていの場合、自分では思いもしなかったシンプルな解決策が見つかるのです。

ピンチに陥った時、たとえどんなに不安で動揺していても、私は内に意識を集中させ、「シス」をかき集めます。そして、次に何をすべきか、誰に助けを求めるべきか、どう対処するのがベストか、答えを導き出します。

「シス」を探す過程で学んだ極めて重要なことは、必ずしも壮大な目標は必要ないということでした。オリンピックメダルを目指す必要はないのです。今すぐできる些細なことが、やがて、大きな変化へとつながります。私でもできるのですから、あなたにもきっとできます。

ここでシンプルな、「シス」に満ちた1日の例をご覧に入れましょう。

いつもより30分早く、目覚まし時計のアラームを鳴らします。そしてスヌーズボタンを押す代わりに、「シス」を奮い立たせてベッドから起き出し、支度をして外に出ます。朝の軽いウォーキングひとつで、心も身体も驚くほど元気になります。歩きながら、周囲をよく観察します。近くに自然があれば、木や草花、海や空に意識を向けましょう。

家に戻ったら、栄養たっぷりのヘルシーな朝食で、空っぽの身体にエネルギーを補給します。同僚や友人、隣人との難しい話し合いにも勇気を出して臨めば、1日を通してあなたの「シス」が試されることでしょう。あるいは、尻込みしていたプロジェクトに挑戦してみます。バランスの良いランチを食べることをお忘れなく。夕方、家路についたら、電車やバスをひとつか2つ手前で降りて、残りはウォーキングのながら運動です。家の掃除は、ながら運動と「DIYシス」のチャンス。それから、本を読み通す、外国語を習う、壊れたものを修理するなど、先延ばしにしていたプロジェクトに取り組み、「シス」を鍛えます。大小どんなものでもかまいません、毎日何かしら、自分に合ったチャレンジを取り入れてください。

大きな挑戦をする時、私はいつも心の中で、「シス」のエキスパート、エミリア・ラハティの言葉を唱えます。「『シス』があれば、困難に立ち向かう勇敢な姿勢、すなわち『アクション・マインドセット』を持てるようになる。つまり『シス』とは、人生に降りかかる数々の試練を果敢にチャンスへと変えていく、ひとつの生き方なのだ」

逆にもし、アクション・マインドセットがなければ、マラソンなど走れないと思い、最初の一歩を踏み出すことができません。あなたにマラソンを走れという意味ではありませんが、大切なのは、どんなに小さくてもいいから、目標に向かって行動を取ること。新しい物事に対しオープンな心構えを持つことなのです。

健康に、そして究極的には、もっと幸せになるために、日常の中でほんの少しの「シス」または忍耐力を発揮することは、誰にだってできるはずです。それは、楽でいられる場所《コンフォート・ゾーン》から、良い意味で外に飛び出す、ということにほかなりません。健全なリスクを取ることを自分に課せますか？　新しいことにチャレンジできますか？　肉体、精神、感情、いずれの面でも、限界を超えられますか？

もしかすると、「シス」と健康をめぐる最も大切な点は、自分に最適な方法を見つけることかもしれません。アイススイミングや冬の自転車が誰にでもフィットするとは限らないですから。

どうか、次のことを心に刻んでおいてください。究極の強さは、自主と自律に宿る、と。つまり大切なのは、あなたが、自分の手で、自分だけの「シス」の物語を紡いでいくことなのです。

Epilogue エピローグ

いまとなっては、雪の降るあの夜、バスローブとサンダル姿でヘルシンキの通りを駆けていった3人の青年に、感謝せずにはいられません。友人のティーナやリーッカが私をバルト海でのアイススイミングに導いてくれたように、彼らもまた、冒険に踏み出す私の背中を押してくれました。

私は北欧のシンプルなライフスタイルの中に、強さ、勇気、喜びの源流をたくさん見つけましたが、フィンランド特有のしなやかな強さ、「シス」を習得できたのは、ほとんどの部分、アイススイミングのおかげです。アイススイミングによって、私は心身の不調に対する自然で効果的な対処法を見つけることができましたし、森林セラピーなどのウェルビーイング〔心身の充足感〕を高めるほかの方法を探すきっかけも、もらいました。

「シス」は文化的な特質だと考える方も一部にはいらっしゃるかもしれません。しかし、私は「シス」とは人生に対するひとつのアプローチ、向き合い方だと思います。決してあきらめずに自分に挑戦する生き方のことであり、あとから身につけられるものです。私もできたのですから、どなたでもできます。そして、必ずしもハードな訓練に臨まなくても良いのです。時に、極めて小さな一歩が、大きな変化につながることがあります。「シス」のエキスパート、エミリア・ラハティは力強くこういいました。

「自分にはできると信じることから、すべてははじまります」

私はというと、「できない」という思い込みを捨てることにしました。はじめはどんなに小さな一歩でも良いわけですから、とにかく、踏み出すことにしたのです。これまではずっと、弱みを隠し、順調そうに振る舞っていて、それでなんとかやれていたのですが、もうわべを取り繕うのはやめました。そして、誰かの役に立てればとの思いから、自分の体験を語りはじめました――これが私にとって最大の「シス」チャレンジだったかもしれません。うつの話を知った人からはよく驚かれます。あなたは楽観的な人だと思っていたよと。しかし、弱さを受け入れ、苦しかった体験を包み隠さず話すことで、私は自分の強さを見出しました。いまは良い状態ですが、調子を維持し、うつを寄せ付けないようにするためには、心と身体のセルフケアが欠かせません。

思い切って打ち明けると、ちょうどこの原稿が書き終わるかどうかという時に、プライベートで大きな変化がありました。夫と私は、苦悩の末、離婚という決断にいたったのです。私たちの生活スタイルは、時間とともに、いつしか大きくかけ離れていました。まだあまりに最近の出来事なので、冷静に振り返ることも、何か述べることもいまはできません。ただ、これだけはお伝えしていいと思うのですが、離婚は夫婦のあいだで建設的に話し合って決めたことであり、息子のためを思ってのことです。

もしかすると、これが「シス」に関して学んだ、最も大きな教訓のひとつかもしれません。

鋭くも、こんなことをいったイリギス人編集者がいました。「『シス』とは、〝慣れ〟の外の世界に、慣れること」。まさにその通りで、これ以上続けても幸せを望めないような関係性があれば、変わるべきタイミングを認め、受け入れるのが「シス」なのです——たとえ、どんなに辛くても。そして、勇気を持って手放す。それが「シス」。

公平性のためにもうひとつ申し上げておくべきは、北欧のライフスタイルを取り入れるにあたり、以前住んでいた都市——ロンドン、バンクーバー、トロント——は、何ら、私を妨げる場所ではなかったということです。どの都市にもすばらしいアウトドアスポットがたくさんあり、健康的に暮らそうと思えば、いくらでもチャンスはありました。ただ私の場合は、北欧に行く必要があった。そこではじめて、シンプルに暮らすすべを学び、自分の弱さよりも強さに目を向けるようになり、私だけの「シス」を見つけることができた。

それがすべてのはじまりでした。

「シス」とは　Sisu

- 厳密には、「see-su《スィス》」と発音します。
- どんな困難にも立ち向かう、フィンランド流の強靭な精神、態度。誰しも身につけることができます。
- 試練をチャンスに変えていく姿勢のことです。
- フィンランド古来の概念。歴史は1500年代にさかのぼります。

Appendices　付録

アイススイミングに挑戦したい人のために　Winter swimming tips

トライする際のポイントは、徐々に身体を慣らすこと。夏の終わりから泳ぎはじめ、冷たい水に少しずつ身体を慣らすのがお勧めです。

はじめに、健康状態を確認してください。

一般的なガイドラインでは、病気がある人は海に入らない方が良いとされています。心臓病、高血圧、ぜんそく、そのほか、何らかの疾患がある場合は必ず医師に相談します。

アイススイミングの季節が来たら、経験者と一緒に出かけましょう。良いスイミングスポットも教えてもらえるはずです。

海の周辺を歩く際の履き物は、ネオプレン素材のサンダルがお勧めですが、ウールのソックスやビーチサンダルでもかまいません。

はじめて入る時は、海水にちょっと浸かるだけにします。身体の一部しか浸かれなくても、まったく問題ありません。息を止めないようしっかりと呼吸を意識してください。

併せてサウナに入れるのなら、心と身体、両方にとって好都合です。あとであたたまれると思えば、氷のように冷たい水へのハードルも、ぐっと下がります。

サウナですっかりあたたまった頃、あまりの気持ちよさに、また冷たい海で泳ぎたくなっている自分に気づくかもしれません。

適宜、水を飲み、脱水症状にならないよう気をつけましょう。

自転車にまつわる実用的ヒント Practical cycling tips

私は天候にかかわらず1年中自転車に乗ります。寒い時でマイナス20度、暑い時は30度にもなる気候で暮らしているため、実用的で適応性のあるワードローブが欠かせません。

仕事柄、スーツもタイトスカートも、ヒールの靴も必要ないので、かなりカジュアルな格好で通勤しています。

夏には、自転車に適したコーディネートを考案し、スカートもワンピースもたくさん着まわしました。スカートまたはワンピースを買う時の基準はこうです。「ウエストから下にふんわりと広がるラインのものか、または、よく伸びる生地が使われているもの」。そしてスカート類の下に、サイクリング用スパッツを履きます。スパッツは基本的には外から見えませんが、スカートがめくれあがった時には大事な役割を果たします。

それからリフレッシュキットを携帯します。長い距離を走ったあとで、シャキッとした身なりで大事な打ち合わせに臨まなければならないとしたら、石けんと肌の保湿液、くし、歯ブラシと歯磨き粉が入ったトラベルセットを、小さなハンドタオルとともに持っていきます。大きなタオルも試しましたが、かさばり、重たすぎるのでやめました。そして化粧室へ行き、石けんと水でさっと顔を洗ったりします。

行った先にシャワー室があるとわかっている場合は、シャンプーとコンディショナーの旅行用ミニボトルも持っていきます。フィンランドでシャワー室がある職場には、たいてい共有のドライヤーも置いてあります。

さて冬はどうかというと、気温の低い季節が良いのは、自転車に乗ってもあまり汗をかかないということでしょう。

暗い時期には、必ず自転車ライトをしっかりと点灯し、リフレクターもいくつか付けます。

私は黒地に白のリフレクターストライプが入った、おしゃれ風のベストなるものも持っています（黄色だと、建設作業員と区別がつかなくなりそうです）。

冬場はスパイク付きの冬用タイヤを装着します。雪が溶けて凍結し、街のあちこちにミニ・スケートリンクが出来ている時には、歩くよりも冬用タイヤで自転車に乗る方がずっと足下が安定するのです。

頼れるレイングッズを一式揃えるのは非常に賢い買い物です。それがあれば、どんな天気でも、服が汚れたり濡れたりすることはありません。

特に寒い日には、あたたかな帽子、手袋、ウールの靴下は必須です。さらにもっと寒い日には、綿シルク素材のフェイスマスク――目と鼻だけ露出し熱を逃がさず呼吸がしやすいようになっています――が強い味方。裏地がウールのものもお勧めです。

ウィンターサイクリングは、寒中アクティビティの多くがそうであるように、最初の数分は、ただただ、「寒い」のですが、しかし動きはじめると、身体はあたたまってきます。自転車愛好家《サイクリスト》の中には、着替えをパニアに入れて携帯している人もいます。とにかく大事なのは、自分の生活スタイルに一番合ったやり方を見つけることです。

フィンランド流にサウナを楽しむには How to sauna Finnish style

多くのフィンランド人にとってサウナは、神聖な場所。リラックスして、心も身体も洗い流す場所です。

サウナに入る前と、入ったあとには、シャワーを浴びます。どれくらい長くサウナにいるべきという決まりはありません。それはあなた次第。70度から100度の熱いスチームを何分か浴びれば、筋肉の緊張がほぐれていきます。

ロウリュとは、熱したサウナストーンにひしゃくで水をかけて、蒸気を起こし温度を上げること。ご作法によれば、まわりの人に声をかけてからロウリュするのが良いとされています。

サウナでは、人々はよく「ペフレッティ（pefletti）」と呼ばれるマットを持参し、お尻に敷いています。これは衛生面の配慮からで、素材はリネンやテリー織り、または、ペーパー（紙）タイプもあります（パブリックサウナでは施設側がペーパーマットを用意していることもよくあります）。

男女別サウナの場合は、裸で入るのが普通です。男女共同の場合は、お互いのために水着を着用します。

サウナ内での話題について、厳密なルールはありませんが――かなりの場合、時と場合によるでしょう――サウナはリラックスするための場所ですから、空間、周囲の人々への心配りは大切です。
そして大事なのは、あなたがその時間を心ゆくまで楽しむことです。

Acknowledgements
謝辞

インスピレーションを与えてくれた多くの人々に感謝します。私をフィンランドの海へ、森へ、サウナへ、そのほか数々の心躍る場所へと導いてくれた、この仕事にも感謝を。

快く取材に応じ、貴重な時間を割いて、おのおのの物語や思想やアイディアを共有してくれた大勢の人々のおかげで、この本は出来あがりました。ティーナ・トルッパは、私がフィンランドに来て間もなく出会った、唯一無二の友人。あふれる才能を持ち、輝かしいキャリアと家庭を両立させて生きるティーナは、私にとって、強く自立した女性のロールモデルです。私をはじめてアイススイミングに連れて行ってくれた、リーッカ・トイヴァネン。いつも知的な刺激をくれる「シス」のエキスパート、エミリア・ラハティ。尊敬すべき「冷たさ」の専門家、ハンヌ・リンタマキ教授。取材に協力してくれたすべての人たち。誰もがユニークで、すばらしくて魅力的で、すべてを詳細に書き記そうとすれば、きりがありません。パトリック・ボルグ、パウリーナ・セッパラ、パシ・サルベリ、ヤーッコ・ブルンベリ、ニクラス・アアルト＝セタラ、リーサ・トゥルヴァイネン、ティモ・ペララ、セッポ・ウスキ、サンナ・ヤフコラ、バルバラ・シュナイデル、イルッカ・ヴオリ、アンドレ・ノエル・チャカー、ティモ・ヌーミネン、ピア・リッポネン、S・ダグラス・オルソン、パイヴィ・パルヴィマキ、ヴェイッコ・トゥオヴィネン。それから、事実確認のサポートと的確な指摘で私を助けてくれた、タル・ラーンティ、ティモ・パルトネン、パウラ・パロネン、ピルッコ・フットゥネン、ビルギッタ・ヤルヴィネンをはじめとする多くの人たち。

エージェントのエリナ・アールバック、エレオノーラ・カーク、ロッタ・デュフヴァがいなければ、この本は存在しなかったでしょう。まだ数章のサンプルと概要しかない段階で、興味を持ってくれた——そのことに、いくら感謝してもしきれません。特にエリナ。本の構想は、2010年からずっと頭の中にありましたが、エリナの働きかけによりアドバンス〔出版社から著者に支払われる前払い金〕を得られたからこそ、私は数ヶ月間、本書の執筆だけに専念することができました。

また、最初の編集者であり出版元のハンナ・ブラックにも感謝を。彼女もまた、企画段階から関わり、執筆過程で数々のすばらしいアドバイスをくれ、ホッダー＆ストートン社の優秀なチームとともに、1冊の本になるまで一貫して私をサポートしてくれました。編集アシスタントのイアン・ウォン、コピーエディターのソフィー・エルレットソンにもお世話になりました。

同じく、数章のサンプルの段階からこの本に賛同してくださった、各国の出版社、編集者のみなさんに感謝します。WUJ（ポーランド）、イーヤン・パブリッシング（中国）、ベルフォン（フランス）、マラダ・フロンタ（チェコ）、バスタイ・ルバ（ドイツ）、マルシリオ／ソンゾーニョ（イタリア）、コスモス（オランダ）、AST（ロシア）、ロカ・エディトリアル（スペイン）、ターチャー・ペリジー／ペンギン・ランダムハウス（アメリカ）。

また、初期の原稿に目を通し、貴重なフィードバックと励ましをくれた人々に。エリナ・アールバック、ロッタ・デュフヴァ、エレオノーラ・カーク、ティーナ・トルッパ、アヌ・シルフヴェルベルグ、サトゥ・パンツァル、タピオ・パンツァル、セニヤ・ラルセン、スーザン・フオタリ。そして、さかのぼること2014年、超初期段階の原稿数章と企画書を読み込み、編集の手を入れ、重要な助言を与えてくれたリーナ・タンムに感謝します。

支えてくれた家族や友人たちに心からの感謝を。両親のサトゥとタピオ。息子のフェリックス、いつも私を明るく照らしてくれてありがとう。ハルパルとティノ、サミー、スーザン、アンドレアス、コンニエ、リーナ、トレーシー、そのほか、仕事の面でも遊びの面でも私に元気をくれた、すべての人たち。ソイリ、デニス、アレクシ、アマンダ、エガンも、どうもありがとう。

そして、カッリオのコワーキング仲間の面々。ハンナ、アヌ、ユッシ、ユハ、エサ、アンッティ、サンナ、ミルヤ、スヴィ。執筆作業中、どんな時も私の話に耳を傾け、私を支え、たくさんのヒントをくれた。それからユッシ、椅子を貸してくれてありがとう。あなたの椅子がなかったら、いまごろどうなっていたことでしょう。

最後に、アイススイミングの仲間たちにも。変わり続ける海の水と同じように、あなた方の存在が、私の毎日をほんの少し、より幸せで、より希望に満ちたものへと変えてくれました。本当に本当に、どうもありがとう。

References　参考文献

Active Healthy Kids Canada 2014 Report Card on Physical Activity for Children and Youth, *Is Canada in the Running?: How Canada Stacks Up Against 14 Other Countries on Physical Activity for Children and Youth*, Toronto, Canada: Active Healthy Kids.

Anthes, Emily (12 May 2016), 'The Glossary of Happiness', *The New Yorker*, New York, NY: Condé Nast.

Bains, Camille (14 June 2017), 'Canada ranked 25th on children's wellbeing amongst rich countries: UNICEF'', *Globe and Mail*, Toronto, Canada.

Beres, Damon (September 2013), 'Most Honest Cities: *The Reader's Digest* Lost Wallet Test', *Reader's Digest*, New York, NY: Trusted Media Brands.

Berkeley Wellness (12 June 2014), 'The New Nordic Diet', University of California Berkeley, San Francisco: Berkeley Wellness.

Borg, Patrik (2009), *Syö hyvin ja laihdu*, Helsinki, Finland: Otava Publishing.

Chaker, André Noël (5 November 2014) `Three Finnish S's' TEDxSemesterAtSea はオンラインで閲覧可能

Chaker, André Noël (2017), *The Finnish Miracle: 100 Years of Success*, Helsinki, Finland: Alma Talent.

Corliss, Julie (19 November 2015), 'The Nordic diet: Healthy eating with an eco-friendly bent', *Harvard Heart Letter*, Boston, Massachusetts: Harvard Medical School.

Cuthbertson, Anthony (24 February 2017), 'The Cold Sell: Why Tech Startups are Pitching from an Ice Hole in Finland',

Newsweek, New York, NY: IBT Media
Dovey, Ceridwen (9 June 2015), 'Can Reading Make You Happier?', *The New Yorker*.
Duckworth, Angela (2016), Grit: The Power of Passion and Perseverance, New York, NY: Scribner. (『やり抜く力――人生のあらゆる成功を決める「究極の能力」を身につける』神崎朗子訳、ダイヤモンド社、2016年)
Economist Intelligence Unit (2012), 'Starting well: Benchmarking early education across the world', London, England: Economist Group.
'Finnish recommendations for physical activity in early childhood 2016: Joy, play and doing together' (2016:35), Helsinki, Finland: Ministry of Education and Culture.
Foroohar, Rana (16 August 2010), 'The Best Countries in the World', *Newsweek*, New York, NY: IBT Media.
Gill, Jason and Cellis-Morales, Carlos (20 April 2017), 'Cycling to work: major new study suggests health benefits are staggering' *The Conversation*, UK edition, London: The Conversation Trust.
Goodrich, Austin (1960), *Study in Sisu: Finland's Fight for Independence*, New York, NY: Ballantine Books.
Harper, Mark (20 December 2016), 'Fewer illnesses, less stress: How cold-water swimming can change your life', *Spectator Health*, London, England: Press Holdings.
Harvard Health Publishing (March 2014), 'Sauna Health Benefits: Are saunas healthy or harmful?', Boston, Massachusetts: Harvard Medical School.
Heikura Pasi, Huttunen Pirkko and Kinnunen, Taina (2000), *Hyinen Hurmio: Avantouimarin käsikirja*, Helsinki, Finland: Edita Publishing.
Helliwell, J., Layard, R., and Sachs, J. (2017), 'World Happiness Report 2017', New York: Sustainable Development Solutions Network.
Howlett, Karen and Weeks, Carly (18 August 2015), 'Prescriptions of opioid drugs skyrocketing in Canada', *Globe and Mail*, Toronto, Canada.
Howlett, Karen (27 March 2017), 'Prescriptions for painkillers still rising in Canada despite opioid crisis', *Globe and Mail*, Toronto, Canada.
Huttunen, Pirkko *et al.* (2004), 'Winter swimming improves general well-being', *International Journal of Circumpolar Health*, Co-Action Publishing on behalf of the Circumpolar Health Research Network.
Hämäläinen, Timo J. and Michaelson, Juliet (2014), *Well- being and Beyond: Broadening the Policy Discourse*, Cheltenham, UK: Edward Elgar Publishing Limited/Sitra, the Finnish Innovation Fund.

James, Sandy (13 January 2017), 'Opinion: Visibility plays major role in pedestrian deaths', *Vancouver Sun*, Vancouver, Canada: Postmedia Network Inc.

Jansson, Tove (2003), *The Summer Book* (translated by Thomas Teal), London, UK: Sort of Books.

Jansson, Tove (2006), *The Winter Book* (translated by Silvester Mazzarella, David McDuff and Kingsley Hart), London, UK: Sort of Books.

Järnefelt, Heli (2016), 'Työikäisten hyvän unen avaimet', Terveysliikuntauutiset 2016, Tampere, Finland: UKK Institute.

Kallio, Veikko (1989), *Finland: Cultural Perspectives*, Helsinki, Finland: WSOY.

Kallionpää, Katri (1 October 2016), 'Sauna tekee sydämelle hyvää – tämä ja neljä muuta syytä mennä viikonloppuna saunaan', *Helsingin Sanomat*, Helsinki, Finland: Sanoma Media Finland.

Kallunki, Elisa (4 May 2017), 'Tutkimukset todistavat, että metsä on mahtava stressilääke: Laskee sydämen sykettä ja vähentää lihasjännitystä', Helsinki, Finland: Yle Uutiset.

Khazan, Olga (11 July 2013), 'The Secret to Finland's Success with Schools, Moms, Kids – and Everything', *The Atlantic*, Washington, DC: Atlantic Media.

Koay, Jacqueline (18 April 2017), 'From Finland, Teach Children *Sisu*', The Blog, Huffington Post UK.

Koskela, Elina (21 September 2013), 'Luonto hoitaa ja metsä parantaa', *Ilkka*, Seinäjoki, Finland: I-Mediat Oy.

Kujanpää, Risto and Helsinki City Planning Department (2015), 'Helsinki Bicycle Account 2015', Helsinki, Finland: Helsinki City Planning Department.

Lahti, Emilia (15 December 2014), 'Sisu – transforming barriers into frontiers', TEDxTurku, YouTube, http://www.youtube.com/watch? v=UTlieGyf5kU (２０一八年２月著者閲覧)

Landreth, Jenny (13 February 2017), 'Brrr! The Joys of Cold Water Swimming', *Telegraph*, London, England: Telegraph Media Group.

Laukkanen, Tanjaniina, Kunutsor, Setor, Kauhanen, Jussi, Laukkanen, Jari (7 December 2016), 'Sauna bathing is inversely associated with dementia and Alzheimer's disease in middle-aged Finnish men', *Age and Ageing*, Oxford University Press, Oxford, UK.

Lee, Helena (14 June 2013), 'Why Finnish babies sleep in cardboard boxes', BBC News magazine, London, UK: BBC.

Lehmuskoski, Susanna (18 June 2017), 'Vähemmän kaikkea, parempi elämä', *Helsingin Sanomat*, Helsinki, Finland: Sanoma Media Finland.

Luckhurst, Phoebe (12 December 2016), 'Forget Denmark and *hygge*, Finland is the new Nordic hotspot for wellbeing', *Evening*

Standard, London, England: Associated Newspapers.

Malmberg, Katarina (16 April 2017), 'Metsässä treeni tuntuu kevyeltä ja juoksu muuttuu rennoksi – Kokeile viittä terveyttä lisäävää luontoliikuntalajia', *Helsingin Sanomat*, Helsinki, Finland: Sanoma Media Finland.

Mogensen, Klaus Æ. (02/2013), 'The Bicycle – The Future Means of Transportation', *Scenario Magazine*, Copenhagen, Denmark: Copenhagen Institute for Futures Studies.

'Northern Theatre: *Sisu*' (8 January 1940), *Time*, New York, NY: Time Warner.

Oaklander, Mandy (18 April 2016), 'How to Eat Like a Nordic Person', *Time Health*, New York, NY: Time Warner.

Partanen, Anu (2016), *The Nordic Theory of Everything: In Search of a Better Life*, New York, NY: HarperCollins Publishers.

Partanen, Anu (11 December 2011), 'What Americans Keep Ignoring About Finland's School Success', *The Atlantic*, Washington, DC: Atlantic Media.

Porter, Michael E., Stern, Scott and Green, Michael (2016), 'Social Progress Index 2016: Executive Summary', Social Progress Index.

Puttonen, Mikko (29 September 2017), 'Saunominen laskee verenpainetta, osoittavat suomalaisväestöllä tehdyt tutkimukset – mutta saunassa on käytävä tietyin väliajoin', *Helsingin Sanomat*, Helsinki, Finland: Sanoma Media Finland.

Pölkki, Minna (3 September 2014), 'Suomen hiljaisuutta markkinoidaan Aasiaan', *Helsingin Sanomat*, Helsinki, Finland: Sanoma Media Finland.

Rautava, Timo (13 October 2008), 'Venyttele haravan kanssa', *Helsingin Sanomat*, Helsinki, Finland: Sanoma Media Finland.

Repo, Päivi (23 July 2017), 'Lihavuus lisääntyy joka puolella maailmaa – Suomessa on lihavia Ruotsia enemmän, mutta maailmassa olemme vain keskitasoa, kertoo 195 maan vertailu', *Helsingin Sanomat*, Helsinki, Finland: Sanoma Media Finland.

Ruusunen, Anu (2013), 'Diet and depression: An epidemiological study', University of Eastern Finland, Faculty of Health Sciences, Publications of the University of Eastern Finland, Dissertations in Health Sciences 185.

Sahlberg, Pasi (2015), *Finnish Lessons 2.0: What Can the World Learn from Educational Change in Finland?*, 2nd edition, New York, NY: Teachers College Press.

Sander, Gordon F. (2013), *The Hundred-Day Winter War: Finland's Gallant Stand Against the Soviet Army*, Lawrence, Kansas: University Press of Kansas.

Seminar: Liikunta lääkkeenä – työikäiset liikunnnan monikäyttäjiksi (11–12 October 2016), the UKK Institute, Helsinki, Finland.

Shakersain, Behnaz *et al.* (13 September 2015), 'Healthy Diet May Reduce Cognitive Decline As People Age', Karolinska

Institutet

Shevchuk, Nikolai A. (2008), 'Adapted cold shower as a potential treatment for depression', *Medical Hypotheses*, Amsterdam, The Netherlands.

Sillanpää, Anna (15 September 2014), 'Näin metsä hoitaa mieltäsi', *Kodin Kuvalehti*, Sanoma Magazines, Helsinki, Finland: Sanoma Media Finland.

Seminar on SISU, (8 May 2017), Finnish Academy of Science and Letters, Helsinki, Finland.

Strandell, Anna (2017), Residents' Barometer 2016 – Survey on Urban Residential Environments, Reports of the Finnish Environment Institute, 19/2017.

Strode, Hudson (14 January 1940), '*Sisu*: A word that explains Finland', *New York Times*, New York, NY: New York Times Company.

Strömsholm, Sonja, Lahti, Emilia, Järvilehto, Lauri, Koutaniemi, Meeri (2015), *Sisu: tarinoita itsensä ylittämisestä ja hyvän tekemisestä*, Jyväskylä, Finland: PS kustannus.

Stubb, Alexander (2013), *The Power of Sisu*, Helsinki, Finland.

Swanson, Anders (12 Feb 2016), 'Icy cycles: the northerly world cities leading the winter bicycle revolution', *Guardian*, London, England: Guardian Media Group.

'The Nordic Countries: The next supermodel' (2 Feb 2013), *The Economist*, London, England: The Economist Group.

The GBD 2015 Obesity Collaborators (6 July 2017), 'Health Effects of Overweight and Obesity in 195 Countries over 25 Years', *The New England Journal of Medicine*, Massachusetts: Massachusetts Medical Society.

Tipton, Charles M. (2014), 'The history of "Exercise Is Medicine" in ancient civilizations', Advances in Physicology Education, The American Physiology Association, Volume 38, Issue 2, Bethesda, MD.

Tourula, Marjo (2011), 'The Childcare Practice of Children's Daytime Sleeping Outdoors in the Context of Northern Finnish Winter', Doctoral Dissertation, Oulu, Finland: University of Oulu.

UNICEF Research (2017), 'Building the Future: Children and the Sustainable Development Goals in Rich Countries', Innocenti Report Card 14, Innocenti, Florence: UNICEF Office of Research.

Vattulainen, Tuuli (8 May 2014), '5 vinkkiä, miten välttää niskakivut', *Helsingin Sanomat*, Helsinki, Finland: Sanoma Media Finland.

Vuori, Ilkka (2015), *Liikuntaa lääkkeeksi: Liikunta-ohjelmia sairauksien ehkäisyyn ja hoitoon*, Helsinki, Finland: Bonnier Group.

Wallman, James (2015), *Stuffocation: Living More with Less*, London, UK: Penguin Random House UK.

Where to Invade Next (2015), directed by Michael Moore, Dog Eat Dog Films.
Wicker, Alden (September 2016), 'Fast Fashion is Creating an Environmental Crisis', *Newsweek*, New York, NY: IBT Media.
Williams, Florence (7 Feb 2017), 'How Just 15 Minutes in Nature Can Make You Happier', *Time*, New York, NY: Time Warner.

ウェブサイト

American Heart Association: www.heart.org/HEARTORG/
Cleaning Day: siivouspaiva.com/en
Current Care Guidelines, The Finnish Medical Society Duodecim: www.kaypahoito.fi
FILI, the Finnish Literature Exchange: www.finlit.fi
Helsingin Sanomat: www.hs.fi
Helsinki Sauna Day: helsinkisaunaday.fi
International Winter Swimming Association: iwsa.world
Kela, The Social Insurance Institution of Finland: www.kela.fi
Luke, the Natural Resources Institute Finland: www.luke.fi/en
Ministry of Education and Culture: minedu.fi/en
National Institute for Health and Welfare: www.thl.fi/en
Sisu researcher Emilia Lahti's website: www.emilialahti.com
Statistics Finland: www.stat.fi
Suomen Latu – The Outdoor Association of Finland: www.suomenlatu.fi/en
The Federation of Finnish Allotment Gardens: www.siirtolapuutarhaliitto.fi
Finland's National Parks: www.nationalparks.fi
The Finnish Sauna Society: www.sauna.fi
The Lancet: www.lancet.com
The OECD Better Life Index: www.oecdbetterlifeindex.org
The UKK Institute: www.ukkinstituutti.fi/en
This is FINLAND: www.finland.fi

Winter Cycling Federation: www.wintercycling.org
World Health Organisation (WHO): www.who.int
Yleisradio Oy, the Finnish Broadcasting Company: yle.fi

引用文献（許諾を得て転載した文献）

Active Healthy Kids Canada 2014 Report Card on Physical Activity for Children and Youth, *Is Canada in the Running?: How Canada Stacks Up Against 14 Other Countries on Physical Activity for Children and Youth*, Toronto, Canada: Active Healthy Kids.

Heikura Pasi, Huttunen Pirkko & Kinnunen, Taina (2000), *Hyinen Hurmio: Avantouimarin käsikirja*, Helsinki, Finland: Edita Publishing. (*Hyinen Hurmio* is referred to as *Glacial Ecstacy* and the quoted information on the benefits of winter swimming is translated and adapted from the original Finnish-language title with permission of all three authors.)

Järnefelt, Heli (2016), 'Työikäisten hyvän unen avaimet', Terveysliikuntauutiset 2016, Tampere, Finland: UKK Institute.

Mogensen, Klaus Æ. (02/2013), 'The Bicycle – The Future Means of Transporation', *Scenario Magazine*, Copenhagen, Denmark: Copenhagen Institute for Future Studies.

Porter, Michael E., Stern, Scott and Green, Michael, 'Social Progress Index 2016: Executive Summary' (2016), Social Progress Index.

Ruusunen, Anu (2013), 'Diet and depression: An epidemiological study,' University of Eastern Finland, Faculty of Health Sciences, Publications of the University of Eastern Finland, Dissertations in Health Sciences 185.

Sahlberg, Pasi (2015), *Finnish Lessons 2.0: What Can the World Learn from Educational Change in Finland?*, 2nd edition, New York, NY: Teachers College Press.

Shevchuk, Nikolai A. (2008), 'Adapted cold shower as a potential treatment for depression', *Medical Hypotheses*, Amsterdam, The Netherlands.

Strandell, Anna (2017), Residents' Barometer 2016 – Survey on Urban Residential Environments, Reports of the Finnish Environment Institute 19/2017.

訳者あとがき

「世界幸福度ランキング」の2018年版で1位に輝いたフィンランドは（同ランキングで日本は54位）、いまでこそ「幸せな国」というイメージがありますが、本書を読み進めると、フィンランドが数々の苦境を乗り越え、たくさんの逆転ストーリーをたどってきた国であることがわかります。その背景に、実はフィンランドの人々が持つ「シス」の力が関係していると、著者は指摘します。

たとえば、世界が称賛する教育システム。その基礎が出来たのは1960年代で、当時は「このままでは国が破滅する」という危機感から議論を重ね、より良い制度をつくっていったのだといいます。またフィンランドは手厚い育児支援も世界的に有名ですが、その一例の「育児パッケージ」（赤ちゃんが生まれる家庭に支給される、育児に必要な物品が50点ほど入ったボックス）も、危機的状況から生まれたある種の「シス」的政策だといいます。

完璧な国などないように、はじめから完璧な国もまたないのだと、本書を読むと思わされます。

著者、カトヤ・パンツァルはヘルシンキを拠点に活動するライター・編集者・放送ジャーナリストの女性。フィンランドに生まれ、主にカナダで教育を受けて育ちました。30代前半まではカナダのマスコミ業界で働いていましたが、2000年代初頭、北欧の男女平等に心惹かれ、フィンランドへの移住を決意(その頃、仕事の上でジェンダー差別に直面していたと綴られています)。当時は1、2年のつもりだったそうですが、フィンランドの文化やライフスタイルに惚れ込んだ彼女は、そのまま10年以上フィンランドに住み続け、結婚や出産を経て、現在にいたります。

フィンランドの首都中心部で暮らす現在の彼女は、アイススイミングをこよなく愛し、冬でもバルト海(本文によれば、ある日の水温は1度!)で泳ぐことを日課としています。また自転車も大好きで、雪で道が凍結していても、大雨が降っていても、1年中、自転車に乗るのだそう。

そんなエネルギッシュな彼女ですが、うつ病と闘ってきた歴史があります。20代半ばで診断を受けて以来、病院で処方される薬が安心のよりどころで、周囲への明るい振る舞いとは裏腹に、心は常にストレスや不安でいっぱいだったといいます。カナダ時代は、終わりのないダイエットに取り組んだり、不安解消の手段としてお酒を飲んだり、消費主義文化の中、モノを持つことで〝幸せ〟を追求しようとし、心には空しさがあった——と、振り返っています。

フィンランドで「シス」に出会うまでは。

ではそもそも「シス」とは何なのでしょうか。

それは、フィンランドの人々に古くから受け継がれる特別な精神力、いわば、「フィンランド魂」。厳しい状況で発揮されるしなやかな精神性のことで、困難に立ち向かう勇敢さや、逆境を乗り越える力などと一般に考えられています。

ただ、かといって「シス」は、根性や気合でなんとかするという精神論ではありません。「シス」は強く健全な身体に宿ると、著者は説きます。そのため日々、身体の健康をメンテナンスすることが「シス」を鍛えることにもつながるのです。

また、ただじっと辛さに耐える「我慢」とも違います。たしかに「シス」は、粘り強さ、あきらめない姿勢といった性質を伴いますが、それだけでなく「前進するためにどうしたら良いか、この厳しい状況の中で自分は何をすべきか」と考えるのが、「シス」。

ですから、自分だけではどうしようもない時には、人に助けを求めることも必要ですし、不幸な関係性から思い切って離れることも、時には大切だというのが著者の考えです。重要なのは、前に向かって、意志を働かせ続けること。思考を停止せず、いまいる枠の外へ飛び出す勇気を持つことが、「シス」なのです。

著者が、幸せの秘訣として「読書」や「教養」というキーワードを挙げていることも、それと関係があるのではないでしょうか。困難な状況に置かれた時、心と身体の強さがカギとなるのはもちろんですが、加えて、「知性」や「創造力」といったものが、打開策を見つける力になるはずです。本書によれば、フィンランドの人々はとてもよく本を読むのだといいます。

「シス」をめぐる旅の中で著者は、みずから体当たりで、フィンランドのさまざまな文化を学び、ライフスタイルを自分のものにしていきます。その過程で、自身の秘められた強さに気づき、「シス」とは、勇気を持って挑戦し自分の限界を超えていくひとつの〝生き方〟なのだ、という結論にいたります。そして読者に向かってこう語りかけます。

「私にもできたのだから、あなたにもできる。はじめはどんなに小さな一歩でも良い。だから、踏み出してみませんか」と。

「シス」のルーツはフィンランドですが、著者によると、誰でも身につけ、鍛えることができます。そして、「シス」を手に入れるために、必ずしも厳しいトレーニングや高額な出費は必要ではありません。サウナ、アイススイミング、自転車、森林浴、バランスの良い食事など、フィンランドのライフスタイルのエッセンスを、簡単な形で生活に取り入れるだけ。北欧の実用性を重んじる精神にのっとり、著者が提示するアイディアはどれも、日常の中で実践しやすいシンプルな方法ばかりです。


私自身、著者と似た苦い経験があります。20代の頃は、休息や運動、食事をおろそかにして働き過ぎ、結果生じた不調をすべて薬で解決しようとしていた時期がありました（特に不安やストレスからすぐに胃が痛くなり、何年も胃薬が手放せませんでした)。また、ジェンダー問題に悩んだ点もどこか著者に重なります。そして日本での仕事や暮らしに息苦しさを覚えた私は、北欧へあたかも逃避するかのように、足しげく通うようになっていったのです。

著者の愛するアイススイミングですが、私がそれを体験したのは、2017年秋のこと。フィンランド北部、ラップランドのソダンキュラ周辺へひとり旅に出かけ、そこで冷たい湖に入ったのです。氷こそ張っていませんでしたが、水温は10度に満たなかったと思います。朝晩の気温は氷点下に冷え込んでいました。私はそれまで何度もフィンランドを訪れていましたが、冷たい湖に入ろうと思い立ったのは、この時がはじめてです。

なぜか、はっきりと、切実に、「フィンランドの人々がやるように、どうしても冷たい湖で泳がなければならない」と思いました。

振り返ると当時は、仕事や私生活で辛いことが重なり、心が折れかかっていました。やはりその辛さから半ば逃げるように、ラップランドの大自然に駆け込んだのです。

湖に入った私は、あまりの冷たさに強烈な痛みと震えに襲われました(皮膚はただれたように真っ赤になり、歯はカチカチと鳴りました)。しかしやがて、あの「いいようのない幸福感」に包まれたのです。

湖のあとは、もちろんサウナへ。出会ったフィンランド人男性の口から、「サウナ・イズ・マイ・ライフ(サウナはオレの人生だ)」という名言を聞いたことは、この先一生忘れないことでしょう。

翻訳作業中は、気づけば毎日のように、私も小さな「シス」の行いを実践していました。銭湯のサウナに通い（そしてアイススイミングの代わりに水風呂に入り）、なるべく自転車または徒歩で移動し、多少遠回りでも緑のある道を選び、週末には森林浴に出かけたりしました。

著者の言葉の説得力が思わずそうさせたというのもありますし（サウナにしろアイススイミングにしろ自転車にしろ、本書を読んでいると実に気持ち良さそうだったのです！）、もうひとつの理由として、弱々しい自分をほんの少し変えたいという気持ちがありました。自分の性格上、恐れを抱いたり、些細なことで動揺したり、落ち込んだりすることは避けられない。だったら、弱った時の回復法を知り、心身の土台をより強固にすることで、「立ち直れるしなやかさ」を身につけたいと思いました。そうすれば、人生をもっと冒険できるのではないか、と。

本書の教えに従い半年ほど「シス」を育てる生活を続けた結果、心なしか、以前より心身の風通しが良くなった感覚があります。相変わらず落ち込んだり弱気になったりすることは多々ありますが、底なし沼のようにずぶずぶと沈んで長い時間を過ごすことはなくなり、比較的早いタイミングでふたたび前を向けるようになった気がします。そして、「さて、どう対処しよう？」と、落ち着いた心で向き合えるようになってきたのです。

それに、「今日は自転車で30分走った」というようなシンプルな事柄でも、「シス」的活動をひとつやり遂げると、小さな自信や達成感につながるのだと知りました。言葉にすれば、取るに足らないくらいのことかもしれません。しかし案外、日常の中でそうした小さな実感や手ごたえを積み重ねることが、真の強さや幸せを見つけるヒントなのではないでしょうか。

最後になりますが、編集を担当してくださった清水浩史さんをはじめ、出版元の方丈社のみなさんに深く感謝します。そして何より、読者の方々。多くの選択肢、そして日々の忙しさの中で、本書の扉を開いてくれたあなたの勇敢さ、「シス」に感謝します。

アイススイマーの数だけ泳ぐ理由があったように、この本を読んだ人の数だけ、それぞれの「シス」の物語が生まれたら良いなと願っています。そしてもしよかったら、その物語をぜひ、ほかの誰かと共有してみていただけたらと思います。「シス」を鍛える道のりは、仲間がいるとより楽しくなると、著者もいっていましたから。

２０１８年夏

柳澤はるか

著者略歴

カトヤ・パンツァル　Katja Pantzar

フィンランドのライター、編集者、放送ジャーナリスト。
フィンランド生まれ。その後カナダで育ち、キャリアを積む。メディアのハードな仕事や過剰な消費生活から抜け出し、10年以上前に両親の故郷であるフィンランドへ移住。首都ヘルシンキでの暮らしを続け、1年を通して毎日海で泳ぐことを日課にしている。自らの心身に健康をもたらした「シス」（フィンランドのメンタルメソッド）をテーマにした本書（FINDING SISU）は、フィンランド国外で出版された初の著書。「生き方を見直す実践的良書」として現在19ヶ国で翻訳されるなど、大きな反響を呼んでいる。

訳者略歴

柳澤 はるか（やなぎさわ はるか）

1985年生まれ、東京大学文学部卒。人材育成の仕事をしていた会社員時代、偶然訪れた北欧の国々にシンパシーを覚えたのをきっかけに北欧文化を研究しはじめ、ライターに転身、後に翻訳も手がけるようになる。ライターとしては働き方、ジェンダー、文化、教育、コミュニケーションなどのテーマで、日本と北欧、双方について記事を執筆。翻訳書に『マッティは今日も憂鬱——フィンランド人の不思議』『マッティ、旅に出る。——やっぱり今日も憂鬱』（ともに方丈社）がある。

本書は著者の個人的な体験に基づきます。医療の専門家・パーソナルトレーナー・栄養士としてではなく、一当事者として自分にとって適切なバランスとは何か、ウェルビーイング〔心身の充足感〕を満たす生き方とはどうあるべきかを探し求め、奮闘してきたものです。北欧のライフスタイルを日常に取り入れることにより、シンプルで合理的な方法で健康を改善した、著者自身の道のりについて書き示しています。

フィンランドの幸せメソッド

SISU シス

2018年 9月13日　第1版第1刷発行
2023年 1月 3日　第1版第4刷発行
著者　カトヤ・パンツァル（Katja Pantzar）
訳者　柳澤はるか
装丁　後藤葉子（森デザイン室）
DTP　山口良二
発行人　宮下研一
発行所　株式会社方丈社
〒101-0051 東京都千代田区神田神保町1-32　星野ビル2F
Tel.03-3518-2272 / Fax.03-3518-2273
https://www.hojosha.co.jp/
印刷所　中央精版印刷株式会社

ISBN978-4-908925-35-1